JN117910

2024年版
「ハングル」能力検定試験
公式過去問題集 準2級

2023年 第59・60回

まえがき

「ハングル」能力検定試験は日本で初めての韓国・朝鮮語の検定試験として、1993年の第1回実施から今日まで60回実施され、累計出願者数は52万人を超えました。これもひとえに皆さまの暖かいご支持ご協力の賜物と深く感謝しております。

ハングル能力検定協会は、日本で「ハングル」*を普及し、日本語母語話者の「ハングル」学習到達度に公平・公正な社会的評価を与え、南北のハングル表記の統一に貢献するという3つの理念で検定試験を実施して参りました。

「アフターコロナ」となった2023年ですが、春季第59回は61ヶ所、秋季第60回は70ヶ所の会場で無事実施され、総出願者数は21,856名となりました。また、2023年1月と7月に新たに入門級(IBT)オンライン試験が開始されました。このように多くの方々に試験を受けていただいたことは、わたくしたちにとって大変大きな励みとなり、また同時に大きな責任と使命を再確認し、身の引き締まる思いです。

協会設立当初の1990年代と比べると、「ハングル」学習を取り巻く環境は隔世の感があります。しかしいつの時代も、隣人同士がお互いを知り、良い点は学びあい、困ったときは助け合う姿勢は、人として大切なものです。お互いをよく理解するためには、お互いの言葉でコミュニケーションをとり、文化とその背景を知ることが必要不可欠です。

本書は「2024年版ハン検*過去問題集」として、2023年春季第59回(6月)、秋季第60回(11月)試験問題を各級ごとにまとめたものです。それぞれに問題(聞きとり音声は公式ホームページの「リスニングサイト」で聴けてダウンロードも可)と解答、日本語訳と詳しい「学習ポイント」をつけました。

これからも日本語母語話者の学習到達度を測る唯一の試験である「ハン検」を、入門・初級の方から地域及び全国通訳案内士などの資格取得を目指す上級の方まで、より豊かな人生へのパスポートとして、幅広くご活用ください。

最後に、本検定試験実施のためにご協力くださった、すべての方々に心から感謝の意を表します。

2024年3月吉日

特定非営利活動法人
ハングル能力検定協会

*) 当協会は「韓国・朝鮮語」を統括する意味で「ハングル」を用いておりますが、協会名は固有名詞のため、「」は用いず、ハングル能力検定協会とします。

*) 「ハン検」は「ハングル」能力検定試験の略称です。

目　次

本書について

本書は2023年に実施された春季第59回(6月)と秋季第60回(11月)「ハングル」能力検定試験の問題とその解答・解説を、実施回ごとに分けて収めました。聞きとり問題の音声は協会公式ホームページの「リスニングサイト(聞きとり問題音声再生ページ)」で聴くか、「リスニングサイト」から音声ファイルをダウンロードして聴くことができます(次ページ参照)。

■「問題」

・試験会場で配布される試験問題冊子に準じていますが、聞きとり試験の際メモを取る空欄は、書籍サイズやデザインの関係上、若干調整されています。
・聞きとり問題の音声トラック番号は、04 のように示し、２回繰り返すものについては割愛しています。

■「解答と解説」

・４つの選択肢の中で、正答は白抜き数字❶❷❸❹となります。
・大問(1、2など)の最初に、この問題の出題意図と出題形式を示しています。
・詳しい解説は問題ごとに「学習ポイント(学習P で表示)で示しています。
・中級レベルをクリアした学習者の「聴解力」を問う１、２級聞きとり問題と、１、２級筆記の翻訳問題には「学習ポイント」は付きません。
・すべての問題文と選択肢に日本語訳を付けています。

■ マークシート見本

・巻末にマークシート形式の解答用紙見本(70%縮小)を付けました。本番の試験に備えて、記入欄を間違えないよう解答番号を確認してください。

■ 記号などの表示について

[　] → 発音の表記であることを示します。
〈　〉→ 漢字語の漢字表記(日本漢字に依る)であることを示します。
(　) → 該当部分が省略可能であるか、前後に(　)内のような単語などが続くことを示します。
【　】→ 直訳など、何らかの補足説明が必要であると判断された箇所であることを示します。
「　」→ 学習ポイント中の日本語訳であることを示します。
★ → 大韓民国と朝鮮民主主義人民共和国とでの、正書法における表記の違いを示します(南★北)。

リスニングサイト(聞きとり問題の音声聞きとり・ダウンロード)について

■第59回・第60回試験の聞きとり問題の音声ファイルを、以下のサイトで聴くことができます。また無料でダウンロードできます(MP3形式データ)。
なおダウンロードした音声ファイルはZIP形式で圧縮されています。

① 以下のURLをブラウザに入力し「リスニングサイト」を開いてください。

▶ https://hangul.or.jp/listening

※QRコードリーダーで
読み取る場合→

② 「リスニングサイト」に以下のログインIDとパスワードを入力してください。

▶ログインID：hangul　　▶パスワード：kakomon

■ 本文聞きとり問題の 00 マーク箇所をトラックごとに聞くことができます。

■ パソコンやタブレットにダウンロードした音声ファイルを再生するには、MP3ファイルが再生できる機器やソフトなどが別途必要です。ご使用される機器や音声再生ソフトに関する技術的な問題は、各メーカー様宛にお問い合わせください。

■ スマートフォンで音声ダウンロード・再生を行う場合は、ZIPファイルを解凍するアプリが別途必要です。ご使用される端末やアプリに関する技術的な問題は、各メーカー様宛にお問い合わせください。

■ 本書と音声は、「著作権法」保護対象となっています。

※音声聞きとり・ダウンロードに関する「Q＆A」を協会公式ホームページに掲載しました。ご参照ください。　▶ https://hangul.or.jp/faq/

その他ご質問については、協会事務局宛にメールにてご相談ください。

▶ inquiry@hangul.or.jp

■「、」と「；」の使い分けについて

1つの単語の意味が多岐にわたる場合、関連の深い意味同士を「、」で区切り、それとは異なる別の意味でとらえた方が分かりやすいもの、同音異義語は「；」で区切って示しました。

■ ／ならびに{ ／ }について

／は言い換え可能であることを示します。用言語尾の意味を考える上で、動詞や形容詞など品詞ごとに日本語訳が変わる場合は、例えば「～{する／である}が」のように示しています。これは「～するが」、「～であるが」という意味になります。

◎準２級（中級後半）のレベルの目安と合格ライン

■レベルの目安

60分授業を240〜300回受講した程度。日常的な場面で使われる韓国・朝鮮語に加え、より幅広い場面で使われる韓国・朝鮮語をある程度理解し、それらを用いて表現できる。

・様々な相手や状況に応じて表現を選択し、適切にコミュニケーションを図ることができる。

・内容が比較的平易なものであれば、ニュースや新聞記事を含め、長い文やまとまりを持った文章を大体理解でき、また日常生活で多く接する簡単な広告などについてもその情報を把握することができる。

・頻繁に用いられる単語や文型については基本的にマスターしており、数多くの慣用句に加えて、比較的容易なことわざや四字熟語などについても理解し、使用することができる。

■合格ライン

●100点満点（聞取40点中必須12点以上、筆記60点中必須30点以上）中、70点以上合格。

準2級

全17ページ
聞きとり 20問/30分
筆　　記 40問/60分

2023年 春季 第59回
「ハングル」能力検定試験

【試験前の注意事項】
1）監督の指示があるまで、問題冊子を開いてはいけません。
2）聞きとり試験中に筆記試験の問題部分を見ることは不正行為となるので、充分ご注意ください。
3）この問題冊子は試験終了後に持ち帰ってください。
マークシートを教室外に持ち出した場合、試験は無効となります。
※CD 3などの番号はＣＤのトラックナンバーです。

【マークシート記入時の注意事項】
1）マークシートへの記入は「記入例」を参照し、ＨＢ以上の黒鉛筆またはシャープペンシルではっきりとマークしてください。ボールペンやサインペンは使用できません。
訂正する場合、消しゴムで丁寧に消してください。
2）氏名、受験地、受験地コード、受験番号、生まれ月日は、もれのないよう正しく記入し、マークしてください。
3）マークシートにメモをしてはいけません。メモをする場合は、この問題冊子にしてください。
4）マークシートを汚したり、折り曲げたりしないでください。

※試験の解答速報は、6月4日の全級試験終了後（17時頃）、協会公式ＨＰにて公開します。
※試験結果や採点について、お電話でのお問い合わせにはお答えできません。
※この問題冊子の無断複写・ネット上への転載を禁じます。

◆次回 2023年 秋季 第60回検定：11月12日（日）実施◆

問題

聞きとり問題

聞きとり試験中に筆記問題を解かないでください。

04

1 短い文と選択肢を２回ずつ読みます。文の内容に合うものを①～④の中から１つ選んでください。
（マークシートの１番～４番を使いなさい）　〈2点×4問〉

05

1）＿＿＿＿＿＿＿＿＿＿＿＿＿＿＿＿＿＿＿＿ マークシート 1

①＿＿＿＿　②＿＿＿＿　③＿＿＿＿　④＿＿＿＿

06

2）＿＿＿＿＿＿＿＿＿＿＿＿＿＿＿＿＿＿＿＿ マークシート 2

①＿＿＿＿　②＿＿＿＿　③＿＿＿＿　④＿＿＿＿

07

3）＿＿＿＿＿＿＿＿＿＿＿＿＿＿＿＿＿＿＿＿ マークシート 3

①＿＿＿＿　②＿＿＿＿　③＿＿＿＿　④＿＿＿＿

問　題

08

4）＿＿＿＿＿＿＿＿＿＿＿＿＿＿＿＿＿＿＿＿　マークシート 4

①＿＿＿＿　②＿＿＿＿　③＿＿＿＿　④＿＿＿＿

09

2 対話文を聞いて、その内容と一致するものを①～④の中から１つ選んでください。問題文は２回読みます。
(マークシートの５番～８番を使いなさい)　〈2点×4問〉

10

マークシート 5

1）남：＿＿＿＿＿＿＿＿＿＿＿＿＿＿＿＿＿＿＿＿
　　여：＿＿＿＿＿＿＿＿＿＿＿＿＿＿＿＿＿＿＿＿

① 여자는 너무 긴장한 나머지 면접을 포기했다.
② 여자는 남자에게 이력서 양식의 조언을 구하고 있다.
③ 남자는 여자가 합격할까 봐 두려워하고 있다.
④ 남자는 여자에게 좋은 결과가 있기를 바라고 있다.

問題

11　マークシート 6

2）여：

남：

① 남자는 아이의 용돈을 올려 준 적이 없다.
② 남자는 아이의 고집을 못마땅해한다.
③ 여자는 아이를 납득시켰다.
④ 여자는 집세를 못 내서 힘들어하고 있다.

12　マークシート 7

3）남：

여：

① 두 사람은 무역 관련 일을 하고 있다.
② 두 사람은 수업의 진행 정도에 대해 이야기하고 있다.
③ 남자는 학생들에게 인기가 있는 여자를 질투하고 있다.
④ 이번 강의가 여자의 마지막 강의이다.

問　題

13　マークシート 8

4）남：＿＿＿＿＿＿＿＿＿＿＿＿＿＿＿＿＿＿＿＿＿

　　여：＿＿＿＿＿＿＿＿＿＿＿＿＿＿＿＿＿＿＿＿＿

① 여자는 반지 대신에 현금을 미리 준비해 놓았다.
② 남자는 선물로 뭐가 좋을지 고민하고 있다.
③ 여자는 선물로 금반지가 무난하다고 생각한다.
④ 남자는 여자에게 돌잔치에 같이 가자고 권하고 있다.

問題

14

3 短い文を２回読みます。引き続き選択肢も２回ずつ読みます。応答文として適切なものを①～④の中から１つ選んでください。

（マークシートの９番～12番を使いなさい）　〈2点×4問〉

15

１）남：＿＿＿＿＿＿＿＿＿＿＿＿＿＿＿＿＿＿＿＿

여：（マークシート 9）

①＿＿＿＿＿＿＿＿　②＿＿＿＿＿＿＿＿

③＿＿＿＿＿＿＿＿　④＿＿＿＿＿＿＿＿

16

２）여：＿＿＿＿＿＿＿＿＿＿＿＿＿＿＿＿＿＿＿＿

남：（マークシート 10）

①＿＿＿＿＿＿＿＿　②＿＿＿＿＿＿＿＿

③＿＿＿＿＿＿＿＿　④＿＿＿＿＿＿＿＿

問　題

17

3）남：＿＿＿＿＿＿＿＿＿＿＿＿＿＿＿＿＿＿＿＿

여：（ マークシート 11 ）

①＿＿＿＿＿＿＿＿　②＿＿＿＿＿＿＿＿

③＿＿＿＿＿＿＿＿　④＿＿＿＿＿＿＿＿

18

4）여：＿＿＿＿＿＿＿＿＿＿＿＿＿＿＿＿＿＿＿＿

남：（ マークシート 12 ）

①＿＿＿＿＿＿＿＿　②＿＿＿＿＿＿＿＿

③＿＿＿＿＿＿＿＿　④＿＿＿＿＿＿＿＿

問　題

🔊 19

文章もしくは対話文を聞いて、問いに答える問題です。問題文は２回読みます。

（マークシートの13番～16番を使いなさい）　〈2点×4問〉

🔊 20

1）次の文章は何について話しているのか、適切なものを①～④の中から１つ選んでください。 マークシート13

----

① 외국어 학습의 중요성
② 의사소통의 능력 향상에 필요한 외래어
③ 상황에 맞는 어휘 선택의 중요성
④ 정치인들의 부정행위의 문제점

🔊 22

2）文章を聞いて、施設利用に関して正しいものを①～④の中から１つ選んでください。 マークシート14

問　題

① 강아지와 함께 이용이 가능하다.
② 성인만 이용할 수 있다.
③ 이용 가능한 시간이 정해져 있다.
④ 쓰레기를 회수해 준다.

24

3）対話文を聞いて、その内容と一致するものを①～④の中から1つ選んでください。 マークシート 15

여：＿＿＿＿＿＿＿＿＿＿＿＿＿＿＿＿
남：＿＿＿＿＿＿＿＿＿＿＿＿＿＿＿＿
여：＿＿＿＿＿＿＿＿＿＿＿＿＿＿＿＿
남：＿＿＿＿＿＿＿＿＿＿＿＿＿＿＿＿

① 두 사람은 지금 같이 장을 보고 있다.
② 남자는 서둘러 여자를 데리러 갈 것이다.
③ 남자는 여자에게 왜 화를 내냐고 야단을 쳤다.
④ 여자는 남자의 말투가 거슬려서 짜증을 냈다.

問　題

26

4）対話文を聞いて、その内容と一致するものを①～④の中から1つ選んでください。 マークシート16

남 : ________________________________

여 : ________________________________

남 : ________________________________

여 : ________________________________

① 부장은 여직원이 하는 일에 불만이 있다.
② 여자는 부장에게 회사를 그만두겠다고 했다.
③ 남자는 여자에게 부장의 말을 귀 기울여 들으라고 했다.
④ 여자는 자신이 일을 대충대충 하고 있다고 생각한다.

問　題

🔊 28

文章もしくは対話文を聞いて、問いに答える問題です。問題文と選択肢をそれぞれ２回ずつ読みます。
（マークシートの17番～20番を使いなさい）　〈2点×4問〉

🔊 29

1）次の文章のタイトルとして適切なものを①～④の中から１つ選んでください。　マークシート 17

----

①------------------------------　②------------------------------
③------------------------------　④------------------------------

問　題

32

2）文章を聞いて、その内容と一致するものを①～④の中から１つ選んでください。 マークシート18

----

①________________ ②________________

③________________ ④________________

35

3）対話文を聞いて、女性がこの後にとると思われる行動を①～④の中から１つ選んでください。 マークシート19

여：________________________________

남：________________________________

여：________________________________

남：________________________________

①________________ ②________________

③________________ ④________________

問　題

38

4）対話文を聞いて、その内容と一致するものを①～④の中から１つ選んでください。 マークシート20

남：____
여：____
남：____
여：____

①____________________　②____________________
③____________________　④____________________

問　題

筆記問題

筆記試験中に聞きとり問題を解かないでください。

1

下線部を発音どおり表記したものを①～④の中から1つ選びなさい。
(マークシートの１番～２番を使いなさい)　〈2点×2問〉

1）식구가 많아서 영업용 냉장고를 구입하기로 했다. マークシート 1

① [영님뇽]　② [영엄뇽]　③ [영어봉]　④ [영엄뇽]

2）올여름에는 여가를 활용해 여행을 떠나고 싶다. マークシート 2

① [온녀르메는]　② [오녀르메는]　③ [올려르메는]　④ [옹녀르메는]

2

(　　　)の中に入れるのに最も適切なものを①～④の中から１つ選びなさい。
(マークシートの３番～８番を使いなさい)　〈1点×6問〉

1）그는 소문난 (マークシート 3)였지만 전 재산을 어려운 이들에게 기부했다.

① 그림자　② 매미　③ 후보　④ 구두쇠

2）（ マークシート 4 ）는 소리를 많이 들어 살을 빼기로 결심했다.

① 뚱뚱하다　② 튼튼하다　③ 평탄하다　④ 훌륭하다

3）（ マークシート 5 ） 쓸데없는 말을 해서 그의 기분을 상하게 해 버린 것 같다.

① 꽤　② 괜히　③ 부디　④ 요컨대

4）A：그렇게 건강하던 사람이 갑자기 쓰러질 줄 누가 알았겠어요.
B：그러게 말이에요.（ マークシート 6 ）
A：얼른 다시 일어나야 할 텐데…….

① 숨 돌릴 새도 없네요.　② 위아래가 없네요.
③ 사람의 일은 모르는 거네요.　④ 이것도 저것도 아니네요.

5）A：어제 결승전 봤어?
B：말도 말아라. 새벽까지 잠도 안 자고 응원했는데…….
A：정말 열심히 싸워 줬는데…….（ マークシート 7 ） 선수들을 보니까 눈물이 다 나더라.

① 고개를 떨군　② 귀가 얇은
③ 배울 만큼 배운　④ 때와 장소를 가리는

6）A：지난주에 중간보고를 했는데 오늘 또 하라고 하네.
B：과장님이 왜 그러시겠냐? 실수할까 봐 그러시는 거겠지.
A：이 일을 내가 한두 번 한 것도 아니고 정말 답답하다.
B：(マークシート 8) 중간중간에 과장님께 보고 드려.

① 우물을 파도 한 우물을 파라 했다.
② 누워서 떡 먹기라 했다.
③ 모르면 약이요 아는 게 병이라 했다.
④ 아는 길도 물어 가라 했다.

3 (　　)の中に入れるのに適切なものを①～④の中から1つ選びなさい。
(マークシートの9番～14番を使いなさい)　〈1点×6問〉

1）피곤해서 그런지 오늘(マークシート 9) 왠지 우울하고 힘들다.

① 따라　② 보고　③ 만치　④ 로써

2）비록 (マークシート 10) 포기하지 않고 계속 도전할 생각이다.

① 실패하더니마는　② 실패한다든가
③ 실패하다가도　④ 실패하더라도

3）강의가 (マークシート11) 수강생들은 매점을 향해 뛰어갔다.

① 끝나기가 바쁘게　② 끝났다 치더라도
③ 끝난 셈으로　④ 끝나 봤자

4）일손이 부족해 친구를 불렀는데 도움(マークシート12) 오히려 방해만 됐다.

① 이거나　② 은커녕　③ 이란　④ 마저

5）A：우리 딸 추운데 왜 밖에 나와 있어?
B：오늘 하루도 우리 가족을 위해 고생하신 아빠 기다리고 있었지.
A：아이고, 우리 딸 고마워라. 추운데 얼른 집에 (マークシート13)

① 들어가더구나.　② 들어가고말고.
③ 들어가자꾸나.　④ 들어가는군.

6）A：대환 씨가 뭐래요? 내일 모임에 온대요?

B：그게 (マークシート14) 확실하게 대답을 안 하네.

A：오늘 중으로 인원을 파악해야 하니까 다시 연락해 봐요.

① 올 듯 말 듯　② 오던 터에
③ 오리라고는　④ 올 만큼

4 文の意味を変えずに、下線部の言葉と置き換えが可能なものを①～④の中から１つ選びなさい。
（マークシートの15番～19番を使いなさい）　〈1点×5問〉

1）심심해서 장난으로 선배한테 <u>건방진 행동을 했다가</u> 엄청 혼났다.　マークシート15

① 까불었다가　② 흔들흔들했다가
③ 튀겼다가　④ 졸았다가

2）<u>눈 깜짝할 사이에</u> 일어난 일이라 대처할 수가 없었다.　マークシート16

① 단숨에　② 순식간에　③ 끊임없이　④ 하나같이

問　題

3）그녀에게 너무 말을 심하게 했다는 느낌이 든다.　マークシート17

① 한 줄 안다　② 하고자 했다
③ 할 틈도 없었다　④ 한 감이 있다

4）이것은 내가 저지른 일의 결과이다.　マークシート18

① 자업자득　② 속수무책　③ 자포자기　④ 정정당당

5）A：핸드폰 수리는 어떻게 됐어요?
B：말도 마세요. 수리비가 너무 많이 들어서 새로 사기로 했어요.　マークシート19

① 피는 물보다 진하다고
② 십 년이면 강산도 변한다고
③ 배보다 배꼽이 더 크다고
④ 범에게 날개라고

問題

5 すべての(　　　)の中に入れることができるもの(用言は適当な活用形に変えてよい)を①～④の中から１つ選びなさい。(マークシートの20番～22番を使いなさい)　〈2点×3問〉

1）・설명을 위해 샘플을 몇 (　　　) 준비해 봤다.
・나무에 물을 주는데 (　　　)에 벌레가 있었다.
・나는 야채 중에서 (　　　)를 가장 싫어한다. マークシート20

① 가지　② 종류　③ 줄기　④ 시금치

2）・전철을 기다리는데 뒷사람이 자꾸 (　　　) 기분이 나빴다.
・남편이 수염을 깨끗이 (　　　) 다른 사람처럼 보였다.
・이 제품이 이번에 저희 회사가 (　　　) 있는 상품입니다.
マークシート21

① 추천하다　② 깎다　③ 쳐다보다　④ 밀다

3）・깜빡하고 에어컨을 (　　　) 놓은 채로 출근해 버렸다.
・공사 중인지 수도꼭지를 (　　　) 물이 안 나왔다.
・그는 갑자기 몸을 (　　　) 이쪽을 향해 걸어왔다.
マークシート22

① 켜다　② 틀다　③ 숙이다　④ 만지다

6 対話文を完成させるのに最も適切なものを①～④の中から1つ選びなさい。
(マークシートの23番～25番を使いなさい)　〈2点×3問〉

1) A：그렇게 자꾸 무단으로 결근해도 회사에서 뭐라고 안 해요?
B：(マークシート23)
A：그러다가 잘리는 수가 있어요.

① 안 그래도 상사한테 한소리 듣고 그만뒀습니다.
② 결근은 제 성격상 맞지가 않습니다.
③ 나만큼 성과를 내는 사원도 없는데 아무도 뭐라 못 하죠.
④ 무슨 말이에요? 성실하게 매일 제시간에 출근하고 있습니다.

2) A：어머니가 하루가 멀다고 결혼하라고 잔소리를 하는데 지긋지긋합니다.
B：(マークシート24)
A：누가 저같이 능력도 없는 놈을 좋아하겠어요.

① 벌써 둘째를 가지셨어요? 능력도 좋으십니다.
② 결혼할 마음이 없다고 어머니를 설득해 보는 건 어때요?
③ 주변에 괜찮은 사람 많을 거 같은데 마음에 드는 사람 없어요?
④ 어머니 생신도 좀 챙겨 드리고 그러세요.

3） A：내가 곰곰이 생각해 봤는데 역시 회사를 그만두는 게 맞는 거 같아.

B：아니 왜 잘 다니던 회사를 갑자기 그만둔다는 거야?

A：（マークシート 25）

B：너 오라는 회사는 많으니까 뭐 재취업도 나쁘진 않을 것 같네.

① 내가 얼마나 고생해서 들어간 회사인데 그만둘 리가 있냐?
② 이 회사에서 승진하기 위해서는 이 방법밖에 없는 거 같아.
③ 전부터 해 보고 싶었던 장사나 좀 해 볼까 해서.
④ 뭔가 발전도 없고 나랑 영 안 맞는 거 같아.

問　題

7 下線部の漢字と同じハングルで表記されるものを①～④の中から１つ選びなさい。
(マークシートの26番～28番を使いなさい)　〈1点×3問〉

1）<u>辞</u>表　マークシート 26

① 左　② 司　③ 差　④ 刺

2）<u>願</u>書　マークシート 27

① 遠　② 言　③ 温　④ 研

3）<u>境</u>界　マークシート 28

① 謙　② 遺　③ 結　④ 警

8 文章を読んで【問１】～【問２】に答えなさい。
（マークシートの29番～30番を使いなさい）　〈2点×2問〉

흡연이나 음주, 과식*이 건강에 해롭다는 것은 누구나 알고 있는 사실이다. 그러나 외로움이 건강에 악영향을 미친다는 사실은 그리 알려져 있지 않다. 최근 몇 년간 유행하고 있는 독감 때문에 사람들의 소통이 줄어들면서 외로움에 따른 건강 문제가 심각해지고 있다고 전문가들은 말한다. 하지만 (マークシート29) 예를 들어 '괜찮으세요?'라고 물으면서 시작되는 간단한 대화가 상대방뿐만 아니라 질문을 하는 당사자의 건강에도 도움이 되며 일상 속에서 살아갈 힘을 주게 된다고 한다.

*) 과식：過食

【問１】（マークシート29）に入れるのに最も適切なものを①～④の中から1つ選びなさい。

① 외로움을 이겨내는 것은 결코 간단한 일이 아니다.
② 외로움을 극복하는 방법은 의외로 간단하다.
③ 독감은 앞으로도 계속 유행할 전망이다.
④ 독감에 걸리는 사람이 증가하고 있다.

問　題

【問２】 本文の内容と一致するものを①～④の中から１つ選びなさい。 マークシート 30

① 건강을 위해서라도 다른 사람과의 소통은 중요하다.
② 외로움을 느끼게 되면 흡연과 음주의 양이 늘게 된다.
③ 외로움을 극복하기 위해서는 꾸준한 운동이 필요하다.
④ 의사소통이 줄면 독감이 유행하게 된다.

問題

9 対話文を読んで【問１】～【問２】に答えなさい。
(マークシートの31番～32番を使いなさい)　〈2点×2問〉

담　임 : 이제 슬슬 지수의 진학을 진지하게 고민하셔야 할 시기가 된 것 같습니다.

학부모 : 저희 애가 학력 따윈 쓸데없다고 그냥 취업을 하겠다고 하네요.

담　임 : 지수 성적이면 대학 들어가서 얼마든지 장학금 받으면서 공부할 수 있고 대학을 졸업하면 더 좋은 직장에 취업할 수 있는데 솔직히 저는 이해가 되지 않습니다.

학부모 : 저도 부모로서 (マークシート31)

담　임 : 훗날 대학 갈 걸 그랬다고 후회해 봤자 소용없습니다. 지수를 좀 더 설득해 보세요.

학부모 : 애가 워낙 고집이 세서 말이 먹힐지 모르겠습니다.

【問１】 (マークシート31)に入る言葉としてふさわしいものを①～④の中から1つ選びなさい。　マークシート31

① 어느 쪽이 자식을 위한 일인지 판단이 서지 않아 속상합니다.
② 장학금이 과연 필요한지 의문입니다.
③ 지수에게 어느 회사에 가라고 해야 할지 모르겠습니다.
④ 지수가 원하는 대로 진학할 수 있을지 걱정됩니다.

問　題

【問２】 担任の考えとして正しいものを①～④の中から1つ選びなさい。 マークシート32

① 취업하는 데 학력은 중요하지 않다.

② 지수가 대학에 진학하는 것이 바람직하다.

③ 벌써부터 진학을 고민할 필요는 없다.

④ 부모는 지수의 생각을 존중해야 한다.

問　題

10 文章を読んで【問１】～【問２】に答えなさい。
(マークシートの33番～34番を使いなさい)　〈2点×2問〉

한 연구팀의 발표에 의하면 여성들의 경제 활동이 활발한 나라일수록 오히려 출산율이 높아지고 있다고 한다. 또한 오늘날의 선진국에서는 대부분의 여성들이 직업과 자녀를 모두 갖고 싶어 한다고 지적했다. 한국은 일본, 폴란드와 나란히 남성의 육아* 분담률이 낮은 3국 중 하나로 세계에서 출산율이 가장 낮은 나라이다. 즉 남성이 육아와 가사 분담을 덜 하면 덜 할수록 저출산으로 이어지는 상관 관계에 놓여 있다는 것이다. 여성이 일을 한다고 해서 출산율이 낮아지는 것이 아니다. 이 연구의 결과는 저출산을 극복하려면 남성이 더욱더 적극적으로 육아에 참여해야 한다는 것을 의미한다.

*) 육아：育児

【問１】 本文のタイトルとして最もふさわしいものを①～④の中から１つ選びなさい。　マークシート33

① 여성이 가사에 몰두해야 하는 이유
② 직장을 다니지 않는 여성의 출산율
③ 출산율을 높이기 위한 방도
④ 선진국이 출산율이 높은 이유

問　題

【問２】 本文の内容と一致するものを①～④の中から1つ選びなさい。 マークシート34

① 여성이 직업을 가지게 되면 당연히 출산율은 낮아진다.
② 출산율을 높이기 위해서는 남성이 적극적으로 육아에 참여해야 한다.
③ 일본 남성들은 한국 남성들보다 집안일을 덜 한다.
④ 여성이 집안일을 맡으면 남성은 더욱더 일에 집중하게 된다.

問　題

11 下線部の日本語訳として適切なものを①～④の中から１つ選びなさい。
（マークシートの35番～37番を使いなさい）　〈2点×3問〉

1）지금 나는 찬밥 더운밥 가릴 수 있는 처지가 아니다.

マークシート35

① 好き嫌いをはっきりさせる　② 贅沢（ぜいたく）を言える
③ ご飯に夢中になる　④ おかずに文句を言う

2）아직 신혼인데 사흘이 멀다 하고 남편과 다툰다.　マークシート36

① 頻繁（ひんぱん）に　② 四日間続けて
③ 距離感がわからず　④ 離れているにもかかわらず

3）보험 가입 조건이 여간 까다로운 게 아니다.　マークシート37

① 非常にややこしい。
② まったくややこしくない。
③ どちらかというとややこしい方だ。
④ ややこしいとは言えない。

12 下線部の訳として適切なものを①〜④の中から１つ選びなさい。
（マークシートの38番〜40番を使いなさい）　〈2点×3問〉

1）ひどい目に遭う前にこの辺でやめておきな。　マークシート38

① 운 좋은 상황을 만나기 전에 ② 눈에 들기 전에
③ 좋은 말 할 때 ④ 희망을 말할 때

2）人の話を鵜呑み（うの）にしてはいけません。　マークシート39

① 깔끔히 마시면 안 돼요.
② 의심하며 들어서는 안 됩니다.
③ 그대로 믿어서는 안 됩니다.
④ 통째로 전하면 안 돼요.

3）時間がなくて旅行に行こうにも行けない。　マークシート40

① 갈래야 갈 수가 없다.
② 갈 듯 말 듯했다.
③ 얼마나 가고 싶었는지 모른다.
④ 갈 수 있다니 꿈만 같다.

解　答　（＊白ヌキ数字が正答番号）

聞きとり 解答と解説

1 文の内容に合うものを選ぶ問題 〈各２点〉

1）몸에 난 상처가 나으면서 남는 흔적을 말합니다

→ 体にできた傷が治る時に残る跡のことを言います。

① 탁자 → テーブル　　❷ 흉터 → 傷跡

③ 챔피언 → チャンピオン　　④ 통일 → 統一

学習P 体言を選ぶ問題。

2）옷차림 등이 좋거나 그럴듯하게 괜찮다는 뜻입니다.

→ 服装などが良いとか、それなりに大丈夫だという意味です。

❶ 근사하다 → 素敵だ　　② 끈질기다 → 粘り強い

③ 다정하다 → 優しい　　④ 풍부하다 → 豊富だ

学習P 用言（動詞・形容詞など述語となる言葉）を選ぶ問題。

3）관심이 없거나 전혀 관계하지 않는다는 뜻입니다.

→ 関心がないとか、全く関係していないという意味です。

① 덕을 보다 → 恩義にあずかる

② 냄새를 풍기다 → におわせる

③ 정신을 팔다 → 他の事に気を取られる

❹ 담을 쌓다 → 関係を断つ

学習P 慣用句を選ぶ問題。

解 答

4）어떤 사람에 관한 이야기를 하는데 거기에 그 사람이 나타나는 것을 말합니다.

→ ある人について話をしているところに、その人が現れることを言います。

❶ 호랑이도 제 말 하면 온다 → 噂をすれば影
② 불난 집에 부채질한다 → 火に油を注ぐ
③ 무소식이 희소식이다 → 便りのないのはよい便り
④ 입이 열 개라도 할 말이 없다 → 弁解できない

学習P ことわざを選ぶ問題。

2 内容一致問題（選択肢はハングルで活字表示） 〈各２点〉

1）남：３개월 간의 고생이 헛되지 않게 면접 잘 보고 와요.
여：가슴이 두근거리고 떨려서 대답이나 잘할 수 있을지 걱정이에요.

→ 男：３ヶ月間の苦労が無駄にならないように、面接頑張ってきてください。
女：胸がドキドキするし緊張して、ちゃんと受け答えできるか心配です。

① 여자는 너무 긴장한 나머지 면접을 포기했다.
→ 女性はひどく緊張したあげく、面接を諦めた。

② 여자는 남자에게 이력서 양식의 조언을 구하고 있다.
→ 女性は男性に履歴書フォームのアドバイスを求めている。

③ 남자는 여자가 합격할까 봐 두려워하고 있다.
→ 男性は女性が合格するのではないかと恐れている。

❹ 남자는 여자에게 좋은 결과가 있기를 바라고 있다.
→ 男性は女性に良い結果が出ることを祈っている。

学習P 면접 잘 보고 와요の原義は「面接、ちゃんと受けてきてください」。떨리다は、「緊張する」という意味の他に「震える」、「揺れる」という意味がある。

解　答

2）여：막내가 또 용돈 올려 달라고 고집을 부리는데 어떻게 해?
　　남：용돈 올려 준 지 얼마나 됐다고. 아껴 쓰라고 해.
　　→ 女：末っ子がまたお小遣いを上げてくれと意地張っているんだけど、どうする？
　　　男：お小遣い上げてやったばかりなのに。節約して使えと言って。

　　① 남자는 아이의 용돈을 올려 준 적이 없다.
　　　→ 男性は子供のお小遣いを上げてやったことがない。

　　❷ 남자는 아이의 고집을 못마땅해한다.
　　　→ 男性は子供の強情っぱりが気に食わない。

　　③ 여자는 아이를 납득시켰다.
　　　→ 女性は子供を納得させた。

　　④ 여자는 집세를 못 내서 힘들어하고 있다.
　　　→ 女性は家賃を払えず、苦しんでいる。

学習P 아끼다は「節約する、惜しむ、大事にする」という意味で、말을 아끼다「言葉を惜しむ、慎重に話す」、몸을 아끼다「体を大切にする」などの表現がある。

3）남：김 선생님 클래스는 어디까지 진도가 나간 상태입니까?
　　여：저희 반은 이번 강의로 10과가 끝납니다.
　　→ 男：キム先生のクラスはどこまで進度が進んでいる状態ですか？
　　　女：うちのクラスは今回の講義で10課が終わります。

　　① 두 사람은 무역 관련 일을 하고 있다.
　　　→ 二人は貿易関連の仕事をしている。

　　❷ 두 사람은 수업의 진행 정도에 대해 이야기하고 있다.
　　　→ 二人は授業の進み具合について話している。

　　③ 남자는 학생들에게 인기가 있는 여자를 질투하고 있다.

解　答

→ 男性は、学生たちに人気のある女性のことを嫉妬している。

④ 이번 강의가 여자의 마지막 강의이다.

→ 今回の講義が女性の最後の講義である。

学習P 저희 반の반は「班」。日本の学校では例えば、一年一組であれば、その組の中で班に分けるのが普通だが、韓国の学校では一年一班、その班の中で組に分けるのが普通。(例) 1학년 1반 1조(一年一班一組)

4) 남 : 다음 주에 친구 아이 돌잔치가 있는데 반지 선물이 무난할까?
여 : 금반지는 부담스러워할 수도 있으니까 그냥 현금으로 해요.

→ 男 : 来週、友達の子供の一歳のお誕生日会があるんだけど、指輪のプレゼントが無難かな？
女 : 金の指輪は負担に思うかもしれないから、現金でいいと思いますよ。

① 여자는 반지 대신에 현금을 미리 준비해 놓았다.

→ 女性は指輪の代わりに現金を前もって用意しておいた。

❷ 남자는 선물로 뭐가 좋을지 고민하고 있다.

→ 男性はプレゼントとして何がいいか悩んでいる。

③ 여자는 선물로 금반지가 무난하다고 생각한다.

→ 女性はプレゼントとして金の指輪が無難だと思っている。

④ 남자는 여자에게 돌잔치에 같이 가자고 권하고 있다.

→ 男性は女性に、一歳のお誕生日会に一緒に行こうと誘っている。

学習P 韓国では知り合いや親戚の子供の一歳の誕生日に돌반지(金の指輪) 1돈(3.75g)をプレゼントすることが多い。그냥には「そのまま」、「ただ」、「何となく」などの意味があるが、この対話文での그냥は「金の指輪にしないで現金の方が無難だから」という意味が含まれている。

解 答

3 相手の発話を聞いて、それに対する応答文を選ぶ問題 〈各２点〉

1）남：둘째 아드님이 군대에 간다면서요?
여：(네. 집단생활에 적응을 잘 할지 걱정이네요.)
→ 男：２番目の息子さんが軍隊に行くんですって？
女：(はい。集団生活に慣れることができるか心配ですね。)

❶ 네. 집단생활에 적응을 잘 할지 걱정이네요.
→ はい。集団生活に慣れることができるか心配ですね。
② 네. 장학금도 받을 수 있다고 하네요.
→ はい。奨学金ももらえるらしいです。
③ 네. 빨리 재혼을 했으면 좋겠네요.
→ はい。早く再婚してほしいですね。
④ 네. ２년간 어학연수를 가게 됐어요.
→ はい。２年間語学研修に行くことになりました。

学習P 간다면서요?の-다면서요?は他の人から聞いた話を相手に確認する時に使う表現。내일 온다면서요?「明日来るんですって？」매일 먹는다면서요?「毎日食べるんですって？」。

2）여：이 과목 출석률이 안 좋아서 학점을 못 딸 거 같아.
남：(교수님한테 리포트를 대신 제출하면 안 되냐고 물어봐.)
→ 女：この科目、出席率がよくなくて単位が取れなさそう。
男：(先生にレポートを代わりに提出したらだめなのかと聞いてみて。)

① 드디어 빛을 보게 되는구나. 축하한다.
→ いよいよ日の目を見ることになったね。おめでとう。
② 이번에 해외에 나가면 10년은 못 보겠네.
→ 今回、海外に行ったら10年は会えないね。

解　答

❸ 교수님한테 리포트를 대신 제출하면 안 되냐고 물어봐.

→ 先生にレポートを代わりに提出したらだめなのかと聞いてみて。

④ 면허야 따려고만 하면 언제든지 딸 수 있지.

→ 免許は取ろうと思えばいつでも取れるよ。

学習P 韓国では大学の単位のことを학점「学点」という。리포트「レポート」は、레포트とも言う。안 되냐고「だめなのかと」は、안 되느냐고とも言う。

3）남：김 과장, 내가 어제 부탁한 보고서 어떻게 됐어요?

여：(이제 마무리만 하면 되니까 30분만 기다려 주십시오.)

→ 男：キム課長、私が昨日頼んだ報告書はどうなりましたか?

女：(あとは仕上げるだけなので、30分だけお待ちください。)

① 죄송합니다. 깜빡하고 판매해 버렸습니다.

→ 申し訳ありません。うっかり販売してしまいました。

② 주말이라 도로가 많이 막힐 겁니다.

→ 週末なので道路がとても渋滞すると思います。

❸ 이제 마무리만 하면 되니까 30분만 기다려 주십시오.

→ あとは仕上げるだけなので、30分だけお待ちください。

④ 명함이 다 떨어져서 주문했습니다.

→ 名刺を切らしたので注文しました。

学習P 마무리には「仕上げ」の他に「締めくくり」、「結末」の意味がある。뒷마무리「後始末、後片付け」。④の떨어지다は「使い果たしてなくなる」の他に「落ちる」、「離れる」という意味を持つ。

4）여：새로 이사 오셨나 봐요? 신혼부부신가?

남：(네. 어제 이사 왔는데 정신이 없어서 인사가 늦었습니다.)

→ 女：新しく引っ越してきたみたいですね。新婚さんかな?

男：(はい。昨日引っ越してきたんですが、ばたばたしていて挨拶がおそくなりました。)

解答

① 네. 복권에 당첨되는 꿈을 꿨거든요.
→ はい。宝くじに当たった夢を見たんですよ。

② 네. 내일 서울로 이사를 가게 됐습니다.
→ はい。明日ソウルに引っ越すことになりました。

③ 네. 부동산에 집을 내어 놓은 상태입니다.
→ はい。不動産に家の売却を頼んだ状態です。

❹ 네. 어제 이사 왔는데 정신이 없어서 인사가 늦었습니다.
→ はい。昨日引っ越してきたんですが、ばたばたしていて挨拶がおそくなりました。

学習P 신혼부부신가?は「新婚さんかな？」という意味の独り言。신혼부부신가요?「新婚さんですか？」、신혼부부신가 봐요?「新婚さんのようですね？」に言い換えることができる。③の내어 놓다は、「出す」、「売りに出す」という意味で、내놓다とも言う。

4 内容理解を問う問題(選択肢はハングルで活字表示) 〈各２点〉

1) 内容一致問題

한 정치인의 연설을 듣다 보니 너무 많은 외래어가 사용되어 무슨 말인지 알아들을 수 없는 부분이 많았다. 자신의 주장을 여러 사람들에게 알리는 자리에서 과연 이러한 지나친 외래어 사용이 도움이 되는지 의문이 들었다.

[日本語訳]

ある政治家の演説を聞いていると、あまりにも多くの外来語が使われていて、どういう意味か分からないところが多かった。自分の主張を大勢の人に伝える場で、果たしてこのような過剰な外来語の使用が役に立つのか、疑問に思った。

解　答

① 외국어 학습의 중요성
→ 外国語学習の重要性

② 의사소통의 능력 향상에 필요한 외래어
→ 意思疎通の能力向上に必要な外来語

❸ 상황에 맞는 어휘 선택의 중요성
→ 状況に合った語彙選択の重要性

④ 정치인들의 부정행위의 문제점
→ 政治家たちの不正行為の問題点

学習P 지나치다は「度を越す・度が過ぎる」、「通り過ぎる」という意味。말이 지나치다「言い過ぎる」、농담이 지나치다「冗談が過ぎる」。

2）施設の説明として正しいものを選ぶ問題

캠핑장 시설 이용 시 주의 사항입니다. 이용 시간은 오후 2시부터 다음날 11시까지이며 이용 인원은 어린이를 포함하여 5명까지입니다. 애완동물은 입장이 불가능합니다. 쓰레기는 반드시 가지고 돌아가 주시기를 부탁드립니다.

[日本語訳]

キャンプ場の施設利用時の注意事項です。利用時間は午後2時から翌日の11時までで、利用できる人数は子供を含め5名までです。ペットは入場できません。ゴミは必ず持ち帰るようにお願いいたします。

① 강아지와 함께 이용이 가능하다. → 子犬と一緒に利用することが可能だ。
② 성인만 이용할 수 있다. → 成人だけ利用できる。
❸ 이용 가능한 시간이 정해져 있다. → 利用可能な時間が決められている。
④ 쓰레기를 회수해 준다. → ゴミを回収してくれる。

解 答

学習P 人数という意味の인원→「人員」。ペットという意味の애완동물→「愛玩動物」。ペットは애완동물の他に반려동물「伴侶動物」とも言う。

3）内容一致問題

여 : 여보, 왜 이렇게 전화를 안 받아요? 지금 어디예요?
남 : 미안해. 피곤해서 낮잠을 잤는데 벌써 시간이 이렇게 됐네.
여 : 장터에서 먹을거리 좀 사고 있을 테니까 마중 좀 와 줘요.
남 : 알았어. 최대한 빨리 갈게.

[日本語訳]
女 : あなた、何でこんなに電話に出ないんですか？ 今どこですか？
男 : ごめん。疲れて昼寝をしたんだけど、もうこんな時間になっちゃったんだ。
女 : 市場で食べる物を買っているから、お迎えに来てください。
男 : 分かった。できるだけ早く行くよ。

① 두 사람은 지금 같이 장을 보고 있다.
→ 二人は今、一緒に買い物をしている。

❷ 남자는 서둘러 여자를 데리러 갈 것이다.
→ 男性は急いで女性を迎えに行く。

③ 남자는 여자에게 왜 화를 내냐고 야단을 쳤다.
→ 男性は女性に、なぜ怒っているのかと大声で叱った。

④ 여자는 남자의 말투가 거슬려서 짜증을 냈다.
→ 女性は男性の言葉遣いが気に障って腹を立てた。

学習P 최대한は「最大限」という意味だが、「できる限り・できるだけ」という意味として使われることが多い。①の장을 보다は장が시장の縮約形なので、市場に何が出ているかを見るという意味である。장 보다、시장 보다とも言う。

解　答

4）内容一致問題

남：대체 무슨 일이 있었는지 울지만 말고 차근차근 얘기해 봐요.
여：글쎄, 부장님이 저보고 무슨 일을 그 따위로 하냐고 하더라고요.
남：부장님이 그러는 게 하루 이틀도 아니고 그냥 한 귀로 듣고 한 귀로 흘려요.
여：나름 열심히 하는데 너무 속상해서요.

［日本語訳］
男：いったい何があったのか泣いてばかりいないで、きちんと話してみてください。
女：それが、部長にそんな仕事のやり方でどうするんだって言われたんですよ。
男：部長がそう言うのってよくあることだし、まあ聞き流せばいいですよ。
女：自分なりに頑張っているのに、本当にくやしいです。

❶ 부장은 여직원이 하는 일에 불만이 있다.
→ 部長は女性社員の仕事のやり方に不満がある。

② 여자는 부장에게 회사를 그만두겠다고 했다.
→ 女性は部長に会社をやめると言った。

③ 남자는 여자에게 부장의 말을 귀 기울여 들으라고 했다.
→ 男性は女性に部長の話にもっと耳を傾けて聞きなさいと言った。

④ 여자는 자신이 일을 대충대충 하고 있다고 생각한다.
→ 女性は自分が仕事を適当にやっていると思っている。

学習Ⓟ 무슨 일을 그 따위로 하냐の따위は、人や物を軽蔑して「〜みたいなやつ」、「〜なんか」という意味で文の原意は、「何で仕事をそんなふうにやってるのか」となる。

解　答

5 内容理解を問う問題 〈各２点〉

1）内容一致問題

스마트폰을 불을 끈 곳에서 엎드린 상태로 장시간 사용하게 되면 눈에 상당한 부담을 주게 된다고 한다. 어두운 공간에서 스마트폰 화면을 보고 있으면 눈이 긴장된 상태가 되어 눈에 좋지 않기 때문에 밝은 곳에서 보는 게 좋다고 한다.

[日本語訳]

スマートフォンを明かりを消した所でうつ伏せの状態で長時間使用すると、目に相当な負担を与えることになるそうだ。暗い空間でスマートフォンの画面を見ていると、目が緊張状態になり目に悪いため、明るい所で見た方がいいそうだ。

① 스마트폰 사용의 편리함
→ スマートフォン使用の便利さ

② 스마트폰 판매량 증가의 이유
→ スマートフォン販売量増加の理由

③ 스마트폰 사용을 중지해야 하는 이유
→ スマートフォン使用を中止すべき理由

❹ 스마트폰 사용 시 주의해야 할 점
→ スマートフォン使用時に注意すべき点

学習Ⓟ 불을 끄다の불は「火」、「火事」、「明かり」の意味があり、「火を消す」ことと「電気を消す(明かりを消す)」ことを불을 끄다と言う。

解　答

2）内容一致問題

독서를 하는 것만큼 인터넷을 검색하는 것이 뇌 활동을 자극시킨다는 연구 결과가 나왔다. 독서를 하고 있을 때와는 다른 영역의 뇌의 움직임이 발견되었기 때문에 이 부분을 조사해 나가는 것이 앞으로의 과제라고 한다.

[日本語訳]

読書をするのと同じ位、インターネットを検索することが脳の活動を刺激するという研究結果が出た。読書をしている時とは違う領域の脳の動きが発見されたため、この部分を調査していくことがこれからの課題だそうだ。

① 인터넷 상에서 독서를 하는 사람이 늘고 있다고 한다.
　→ インターネット上で読書をする人が増えているそうだ。

② 인터넷 검색은 뇌 활동에 악영향을 끼친다고 한다.
　→ インターネット検索は脳の活動に悪影響を及ぼすそうだ。

❸ 인터넷 검색은 뇌 활동에 도움이 된다.
　→ インターネット検索は脳の活動に役立つ。

④ 독서와 인터넷 검색의 관련성을 찾는 것이 앞으로의 과제다.
　→ 読書とインターネット検索の関連性を探ることが今後の課題だ。

学習P 日本では「インターネット」を略して「ネット」と言うことが多いが、韓国では인터넷を略して넷と言うことはまずない。「ネットカフェ」は피시방・PC방〈房〉（PCルームの意）と言う。

解　答

3）女性がこの後とると思われる行動を選ぶ問題

여：새로 산 노트북에 문제가 있는데 환불을 안 해 준대요.
남：다른 제품으로 교환도 안 된대요?
여：네. 한 달이 지났기 때문에 수리를 하게 돼도 제가 수리비를 부담해야 된대요.
남：너무하네요. 일단 소비자 상담 센터에 전화해서 사정을 얘기해 봐요.

[日本語訳]
女：新しく買ったノートパソコンに問題があるのに返品できないと言われました。
男：他の製品への交換もできないというのですか？
女：はい。１ヶ月過ぎているので修理に出す場合も私が修理費を負担しなければならないらしいです。
男：ひどいですね。とりあえず消費者相談センターに電話して、事情を話してみてください。

① 노트북을 구입한 가게를 찾아갈 것이다.
→ ノートパソコンを購入したお店を訪ねる。

② 무료로 노트북 수리를 맡길 것이다.
→ 無料でノートパソコンを修理に出す。

③ 노트북을 다른 제품으로 교환받을 것이다.
→ ノートパソコンを他の製品に交換してもらう。

❹ 소비자 센터에 문의할 것이다.
→ 消費者センターに問い合わせる。

学習P 「払い戻す、返金する」は환불하다〈還払-〉と言う。「～するですって（？）」という意味の－ㄴ대요(?)は、－ㄴ다고 해요(?)の縮約形。

解　答

4）内容一致問題

남：이번 대통령 선거 누구 뽑을 생각이에요?
여：저는 정치에 전혀 관심이 없어서 투표할 생각 없어요.
남：그래도 이 나라를 이끌어 갈 지도자를 뽑는 건데 투표해야죠.
여：누가 되든 바뀌는 게 없으니까 전 그냥 안 할래요.

[日本語訳]
男：今回の大統領選挙、誰を選ぶつもりですか？
女：私は政治に全く興味がないので、投票するつもりはありません。
男：でも、この国を導いていく指導者を選ぶことなので投票するべきでしょう。
女：誰がなっても変わることがないので、私はこのままやりません。

① 여자는 대통령이 바뀌지 않기를 바란다.
→ 女性は大統領が変わらないことを願っている。

❷ 남자는 투표해야 한다고 생각한다.
→ 男性は投票しなければならないと思っている。

③ 이번 대통령 선거에는 후보자가 적다.
→ 今回の大統領選挙は候補者が少ない。

④ 여자는 결국 투표를 하기로 했다.
→ 女性は結局、投票することにした。

学習P 누가(누구가の略) 되든「誰がなっても」は、韓国・朝鮮語も日本語も助詞は-가「～が」となるが、例えば「将来、先生になりたい」という表現の場合、韓国・朝鮮語では장래 선생님에 되고 싶다(×)ではなく、장래 선생님이 되고 싶다(○)と言う。つまり、「～になる」は-{가／이} 되다となる。

解答

筆記 解答と解説

1 発音変化を問う問題 〈各２点〉

1）식구가 많아서 영업용 냉장고를 구입하기로 했다.
→ 家族が多いので営業用の冷蔵庫を購入することにした。

① [영넘뇽]　❷ [영엄뇽]　③ [영어뵹]　④ [영엄뵹]

学習Ⓟ ㄴの挿入とそれによる鼻音化を問う問題。まず、ㄴの挿入とは、２つの語が結合する時、あるいは２つの語を続けて発音する時、前の語が子音で終わり、後ろの語が이、야、여、요、유、얘、예で始まる場合に、「ㅇ」の位置に「ㄴ」が入る現象のことである。(例)다음 역「次の駅」→[다음녁]。영업용「営業用」では、영업と용の間にㄴが入り[영업＋뇽]、さらに영업の終声ㅂがㄴの前で鼻音化し[엄]と発音され[영엄＋뇽]となる。

2）올여름에는 여가를 활용해 여행을 떠나고 싶다.
→ 今年の夏は余暇を活用し、旅行に出かけたい。

① [온녀르메는]　② [오녀르메는]
❸ [올려르메는]　④ [옹녀르메는]

学習Ⓟ ㄴの挿入とそれによる流音化を問う問題。올と여름の間にㄴの音が入り[올＋녀름]、さらに녀름の녀が올のㄹの後ろで流音化し[려]と発音され[올려름]。

2 空欄補充問題（語彙問題） 〈各１点〉

1）그는 소문난 (구두쇠)였지만 전 재산을 어려운 이들에게 기부했다.

→ 彼は有名な（けち）だったが、全財産を貧しい人たちに寄付した。

① 그림자 → 影　② 매미 → せみ
③ 후보 → 候補　❹ 구두쇠 → けち

学習P 名詞を選ぶ問題。구두쇠の他に「けち、けちだ」という意味を持つ語彙には、깍쟁이、인색하다、박하다、쩨쩨하다などがある。

2）（뚱뚱하다）는 소리를 많이 들어 살을 빼기로 결심했다.
→（太っている）とよく言われるので、痩せることを決心した。

❶ 뚱뚱하다 → 太っている　② 튼튼하다 → 丈夫だ
③ 평탄하다 → 平坦だ　④ 훌륭하다 → 立派だ

学習P 形容詞を選ぶ問題。뚱뚱하다の他に「太る、太っている」という意味を持つ語彙には、통통하다（ぽっちゃりしている）、살찌다（太る）、뚱뚱보・뚱보（デブ）などがある。

3）（괜히）쓸데없는 말을 해서 그의 기분을 상하게 해 버린 것 같다.
→（無駄に）余計なことを言って、彼の機嫌をそこねてしまったようだ。

① 꽤 → かなり　❷ 괜히 → 無駄に
③ 부디 → どうか　④ 요컨대 → 要するに

学習P 副詞を選ぶ問題。괜히 쓸데없는 말は쓸데없이 괜한 말とも言う。괜하다、쓸데없다はどちらも余計だ・無駄だという意味があるが両方使うことで쓸데없는 말、괜한 말より強調する表現になる。

4）A：그렇게 건강하던 사람이 갑자기 쓰러질 줄 누가 알았겠어요.
B：그러게 말이에요.（사람의 일은 모르는 거네요.）
A：얼른 다시 일어나야 할 텐데…….
→ A：あんなに健康だった人が急に倒れるとは、誰も想像できなかったですよね。

解　答

B：本当にそうですよ。(人のことは分からないものですね。)
A：早く再起してもらいたいのですが……。

① 숨 돌릴 새도 없네요. → 息つく暇もないですね。
② 위아래가 없네요. → 上下の秩序が乱れてますね。
❸ 사람의 일은 모르는 거네요. → 人のことは分からないものですね。
④ 이것도 저것도 아니네요. → 何なのかはっきりしないですね。

学習P 慣用句を選ぶ問題。選択肢③は「人のことは分からないですね」の意味。選択肢②は「上と下がないですね」が直訳。選択肢④は「これでもあれでもないですね」が直訳。

5）A：어제 결승전 봤어?
B：말도 말아라. 새벽까지 잠도 안 자고 응원했는데…….
A：정말 열심히 싸워 줬는데……. (고개를 떨군) 선수들을 보니까 눈물이 다 나더라.

→ A：昨日の決勝戦見た？
B：さんざんだよ。明け方まで寝ないで応援したのに……。
A：本当に一生懸命闘ってくれたのに……。(うなだれている)選手たちを見てたら涙が出ちゃったよ。

❶ 고개를 떨군 → うなだれている
② 귀가 얇은 → 真に受けやすい
③ 배울 만큼 배운 → 学がある
④ 때와 장소를 가리는 → 時と場所をわきまえる

学習P 慣用句を選ぶ問題。選択肢①は「首を垂れる」の意味。選択肢②は「耳が薄い」、③は「学ぶだけ学んだ」という表現。

6）A：지난주에 중간 보고를 했는데 오늘 또 하라고 하네.
B：과장님이 왜 그러시겠냐? 실수할까 봐 그러시는 거겠지.

解 答

A：이 일을 내가 한두 번 한 것도 아니고 정말 답답하다.

B：(아는 길도 물어 가라 했다.) 중간중간에 과장님께 보고 드려.

→ A：先週中間報告をしたのに、今日またしろって言うんだよ。

B：課長が何でそうすると思う？ ミスするかもしれないと思うから、そうするんだろ。

A：この仕事は俺が何回もやっているのに、本当にもどかしいよ。

B：(念には念を入れよと言うじゃないか。) 途中途中、課長に報告しろよ。

① 우물을 파도 한 우물을 파라 했다.

→ 何事でも一つのことに励めば成功すると言うじゃない。

② 누워서 떡 먹기라 했다.

→ 朝飯前と言うじゃない。

③ 모르면 약이요 아는 게 병이라 했다.

→ 知らぬが仏と言うじゃない。

❹ 아는 길도 물어 가라 했다.

→ 念には念を入れよと言うじゃないか。

学習P ことわざを選ぶ問題。選択肢④は「知っている道でも尋ねて行く」という表現。③は「知らぬが薬、知れば病」、①は「井戸を掘っても一つの井戸を掘れ」、②は「寝転がってお餅を食べること」という表現。

3 空欄補充問題(文法問題) 〈各1点〉

1) 피곤해서 그런지 오늘(따라) 왠지 우울하고 힘들다.

→ 疲れたからなのか、今日(に限って)何となく憂鬱でしんどい。

❶ 따라 → ～に限って　② 보고 → ～に向かって

③ 만치 → ～くらい　④ 로써 → ～で

解　答

学習P　助詞を選ぶ問題。따라は오늘や날などの限られた名詞について用いられる。(例)이상하게도 그날따라 전화가 많이 왔다.(不思議にもその日に限って電話がたくさんかかってきた。)

2）비록 (실패하더라도) 포기하지 않고 계속 도전할 생각이다.
→ たとえ(失敗しても)諦めずに続けて挑戦するつもりだ。

① 실패하더니마는 → 失敗していると
② 실패한다든가 → 失敗するとか
③ 실패하다가도 → 失敗していても
❹ 실패하더라도 → 失敗しても

学習P　語尾を選ぶ問題。④の실패하더라도は、실패를 한다 하더라도とも言う。

3）강의가 (끝나기가 바쁘게) 수강생들은 매점을 향해 뛰어갔다.
→ 講義が(終わるやいなや)受講生たちは売店に向かって走って行った。

❶ 끝나기가 바쁘게 → 終わるやいなや
② 끝났다 치더라도 → 終わったとしても
③ 끝난 셈으로 → 終わったつもりで
④ 끝나 봤자 → 終わったところで

学習P　慣用表現を選ぶ問題。①の「～やいなや」の意味の表現には、-기가 바쁘게の他に-자마자、-기가 무섭게などがある。

4）일손이 부족해 친구를 불렀는데 도움(은커녕) 오히려 방해만 됐다.
→ 人手が足りなくて友達を呼んだのだが、助け(はおろか)むしろ足手まといになった。

① 이거나 → ～だとか　　❷ 은커녕 → ～はおろか
③ 이란 → ～というのは　　④ 마저 → ～さえ

解　答

学習P 助詞を選ぶ問題。②の-은커녕/-는커녕は体言に付く助詞なので用言に付ける場合は-기などと名詞化して付ける。(例)먹기는커녕(食べるどころか)、가기는커녕(行くどころか)

5) A：우리 딸 추운데 왜 밖에 나와 있어?
B：오늘 하루도 우리 가족을 위해 고생하신 아빠 기다리고 있었지.
A：아이고, 우리 딸 고마워라. 추운데 얼른 집에 (들어가자꾸나.)
→ A：うちのお嬢さんは寒いのに何で外に出てるの?
B：今日も一日家族のために苦労したパパを待ってたのよ。
A：なんてこった、ありがとう。寒いから早く家に(入ろうよ。)

① 들어가더구나. → 入ってたなあ。
② 들어가고말고. → (もちろん)入るとも。
❸ 들어가자꾸나. → 入ろうよ。
④ 들어가는군. → 入るんだなあ。

学習P 語尾を選ぶ問題。③の-자꾸나は、-자(～しよう)と違い、大人が年下の人に対して親しく語りかける気持ちが付け加わる。

6) A：대환 씨가 뭐래요? 내일 모임에 온대요?
B：그게 (올 듯 말 듯) 확실하게 대답을 안 하네.
A：오늘 중으로 인원을 파악해야 하니까 다시 연락해 봐요.
→ A：テファンさん何って言ってました? 明日の集まりに来るって言ってました?
B：それが(来るような来ないような感じで)はっきり返事をしないね。
A：今日中に人数を把握しなければならないから、もう一度連絡してみてください。

❶ 올 듯 말 듯 → 来るような来ないような感じで
② 오던 터에 → 来ているところに

③ 오리라고는 → 来るとは

④ 올 만큼 → 来るほど

学習P 慣用表現を選ぶ問題。①-(으)ㄹ 듯 말 듯は、「～するかどうかはっきりしない」という意味。(例)알 듯 말 듯「分かるような分からないような」。

4 下線部と置き換えが可能なものを選ぶ問題 〈各１点〉

1）심심해서 장난으로 선배한테 건방진 행동을 했다가 엄청 혼났다.

→ 退屈だから冗談で先輩に生意気な態度をとったら、ひどく怒られた。

❶ 까불었다가 → ふざけたら　② 흔들흔들했다가 → ゆらゆらしたら

③ 튀겼다가 → 揚げたら　④ 졸았다가 → 居眠りしたら

学習P 表現を言い換える問題。건방진 행동을 하다は건방을 떨다とも言う。

2）눈 깜짝할 사이에 일어난 일이라 대처할 수가 없었다.

→ あっという間に起きた事だから対処できなかった。

① 단숨에 → 一気に　❷ 순식간에 → 瞬時に

③ 끊임없이 → 絶え間なく　④ 하나같이 → 一様に

学習P 慣用句を言い換える問題。눈 깜짝할 사이は눈 깜빡할 사이とも言う。「目を瞬く間」という意味。

3）그녀에게 너무 말을 심하게 했다는 느낌이 든다.

→ 彼女にあまりにもひどいことを言ったような気がする。

① 한 줄 안다 → 言ったと思っている

② 하고자 했다 → 言おうと思った

解　答

③ 할 틈도 없었다 → 言う暇もなかった

❹ 한 감이 있다　→ 言った感がある

学習P 慣用表現を言い換える問題。

4）이것은 내가 저지른 일의 결과이다.

→ これは私がやらかしたことの結果である。

❶ 자업자득 → 〈自業自得〉自業自得

② 속수무책 → 〈束手無策〉手をこまねいているだけで、どうすることもできない状態

③ 자포자기 → 〈自暴自棄〉自暴自棄

④ 정정당당 → 〈正正堂堂〉正々堂々

学習P 四字熟語に言い換える問題。

5）A：핸드폰 수리는 어떻게 됐어요?

B：말도 마세요. 수리비가 너무 많이 들어서 새로 사기로 했어요.

→ A：携帯電話の修理はどうなったんですか？

B：さんざんですよ。修理代があまりに多くかかるから新しく買うことにしました。

① 피는 물보다 진하다고

→ 血は水よりも濃いから

② 십 년이면 강산도 변한다고

→ 十年ひと昔だから（原義：10年なら山川も変わる）

❸ 배보다 배꼽이 더 크다고

→ 本末転倒だから（原義：腹よりへその方が大きい）

④ 범에게 날개라고

→ 鬼に金棒だから（原義：虎に翼）

解　答

学習P ことわざに言い換える問題。

5 3つの文に共通して入るものを選ぶ問題 〈各2点〉

1）・설명을 위해 샘플을 몇（가지）준비해 봤다.
　→ 説明のためにサンプルを何(種類)用意してみた。
・나무에 물을 주는데（가지）에 벌레가 있었다.
　→ 木に水をやっていたら(枝)に虫がいた。
・나는 야채 중에서（가지）를 가장 싫어한다.
　→ 私は野菜の中で(茄子)が一番嫌いだ。

❶ 가지 → 種類；枝；茄子　　② 종류 → 種類
③ 줄기 → 幹、茎　　④ 시금치 → ほうれん草

学習P 共通して入る体言を選ぶ問題。1番目の文には가지／종류が入り、2番目の文には가지／줄기が入り、3番目の文には가지／시금치が入る。

2）・전철을 기다리는데 뒷사람이 자꾸（밀어서）기분이 나빴다.
　→ 電車を待っていたが、後ろの人が何度も(押して)気分が悪かった。
・남편이 수염을 깨끗이（밀었더니）다른 사람처럼 보였다.
　→ 夫がひげを綺麗に(剃ると)別人に見えた。
・이 제품이 이번에 저희 회사가（밀고）있는 상품입니다.
　→ この製品は今回、弊社が(推薦して)いる商品です。

① 추천하다 → 推薦する　　② 깎다 → 剃る
③ 쳐다보다 → 見つめる　　❹ 밀다 → 押す；剃る；推薦する

学習P 共通して入る用言を選ぶ問題。1番目の文には쳐다보다／밀다が入り、2番目の文には깎다／밀다が入り、3番目の文には추천하다／밀다が入る。

解　答

3）・깜빡하고 에어컨을 (틀어) 놓은 채로 출근해 버렸다.

→ うっかりしてエアコンを(つけて)おいたまま出勤してしまった。

・공사 중인지 수도꼭지를 (틀어도) 물이 안 나왔다.

→ 工事中なのか水道の蛇口を(ひねっても)水が出なかった。

・그는 갑자기 몸을 (틀어서) 이쪽을 향해 걸어왔다.

→ 彼は急に体の(向きを変えて)こっちに向かって歩いてきた

① 켜다 → 付ける

❷ 틀다 → スイッチを入れる；ひねる；(方向を)変える

③ 숙이다 → 下げる

④ 만지다 → 触る

学習P 共通して入る用言を選ぶ問題。1番目の文には켜다／틀다が入り、2番目の文には틀다／만지다が入り、3番目の文には틀다／숙이다が入る。

6 空欄補充問題(対話問題) 〈各2点〉

1）A：그렇게 자꾸 무단으로 결근해도 회사에서 뭐라고 안 해요?

B：(나만큼 성과를 내는 사원도 없는데 아무도 뭐라 못 하죠.)

A：그러다가 잘리는 수가 있어요.

→ A：そんなにしょっちゅう無断欠勤しても会社から何も言われないんですか?
B：(私ほど成果を出している社員もいないから、誰も何も言えないですよ。)
A：そのうちクビになるかもしれませんよ。

① 안 그래도 상사한테 한소리 듣고 그만뒀습니다.

→ そうじゃなくても、上司に一言言われてやめました。

② 결근은 제 성격상 맞지가 않습니다.

→ 欠勤は私の性格上合わないんですよ。

解　答

❸ 나만큼 성과를 내는 사원도 없는데 아무도 뭐라 못하죠.

→ 私くらい成果を出している社員もいないから、誰も何も言えないですよ。

④ 무슨 말이에요? 성실하게 매일 제시간에 출근하고 있습니다.

→ 何を言ってるんですか？ 真面目に毎日時間通りに出勤してますよ。

学習Ⓟ 「切られる」、「解雇される」という意味の잘리다は、잘리다と짤리다の二つの言い方があり잘리다の方が正しい表記ではあるが、会話では짤리다の方がよく用いられる。

2）A：어머니가 하루가 멀다고 결혼하라고 잔소리를 하는데 지긋지긋합니다.

B：(주변에 괜찮은 사람 많을 거 같은데 마음에 드는 사람 없어요?)

A：누가 저같이 능력도 없는 놈을 좋아하겠어요.

→ A：母が毎日のように結婚しろと小言を言うんですけど、うんざりしてます。
B：(周りにいい人がたくさんいそうなのに、気に入った人はいないんですか？)
A：誰が私みたいに能力もないやつを好きになりますか。

① 벌써 둘째를 가지셨어요? 능력도 좋으십니다.

→ もう二人目ができたんですか？ すごい能力ですね。

② 결혼할 마음이 없다고 어머니를 설득해 보는 건 어때요?

→ 結婚する気がないと、お母さんを説得してみるのはどうですか？

❸ 주변에 괜찮은 사람 많을 거 같은데 마음에 드는 사람 없어요?

→ 周りにいい人がたくさんいそうなのに、気に入った人はいないんですか？

④ 어머니 생신도 좀 챙겨 드리고 그러세요.

→ お母さんの誕生日もきちんと何か用意してあげてください。

学習Ⓟ 하루가 멀다고は、「一日が遠いと」、「一日と置かず」という意味で、하루가 멀다 하고とも言う。

解　答

3）A：내가 곰곰이 생각해 봤는데 역시 회사를 그만두는 게 맞는 거 같아.

B：아니 왜 잘 다니던 회사를 갑자기 그만둔다는 거야?

A：(뭔가 발전도 없고 나랑 영 안 맞는 거 같아.)

B：너 오라는 회사는 많으니까 뭐 재취업도 나쁘진 않을 것 같네.

→ A：俺、じっくり考えてみたんだけど、やっぱり会社をやめるべきだと思う。
B：いったい何で何の問題もなく通ってた会社を急にやめるって言うの？
A：(何だか発展もないし、俺と全然合わない気がするんだ。)
B：お前に来て欲しいという会社は多いから、まあ再就職も悪くはないっぽいね。

① 내가 얼마나 고생해서 들어간 회사인데 그만둘 리가 있냐?
→ 俺が大変な苦労をして入った会社なのに、やめるわけがないじゃん。

② 이 회사에서 승진하기 위해서는 이 방법밖에 없는 거 같아.
→ この会社で昇進するためには、この方法しかないと思う。

③ 전부터 해 보고 싶었던 장사나 좀 해 볼까 해서.
→ 前からやってみたかった商売でも、ちょっとやってみようかなと思って。

❹ 뭔가 발전도 없고 나랑 영 안 맞는 거 같아.
→ 何だか発展もないし、俺と全然合わない気がするんだ。

学習P ①の-(으)ㄹ 리가 있냐?と-(으)ㄹ 리가 없다は、どちらも「～(する){はずがない／わけがない／なんてあり得ない}」という意味だが、있다の方は必ず疑問文にならなければならない。(例)올 리가 있어?＝올 리가 없어「来るはずがない」。

解 答

7 下線部の漢字と同じハングルで表記されるものを選ぶ問題 〈各１点〉

1）辞表 → 사표

① 左 → 좌　❷ 司 → 사　③ 差 → 차　④ 刺 → 자

学習P 初声の違いに焦点を当てた問題。準２級で사と読む漢字には「詞」、「舎」、「師」、「寺」、「辞」、「司」、「謝」、「詐」、「砂」、「些」、「似」などがある。

2）願書 → 원서

❶ 遠 → 원　② 言 → 언　③ 温 → 온　④ 研 → 연

学習P 中声の違いに焦点を当てた問題。準２級で원と読む漢字には「源」、「願」、「円」、「原」、「援」などがある。

3）境界 → 경계

① 謙 → 겸　② 遣 → 견　③ 結 → 결　❹ 警 → 경

学習P 終声の違いに焦点を当てた問題。境（きょう）の「う」や警（けい）の「い」で終わる漢字は、ハングルでは概ね「ㅇ」という終声になる。

8 読解問題 〈各２点〉

흡연이나 음주 과식*이 건강에 해롭다는 것은 누구나 알고 있는 사실이다. 하지만 외로움이 건강에 악영향을 미친다는 사실은 그리 알려져 있지 않다. 최근 몇 년간 유행하고 있는 독감 때문에 사람들의 소통이 줄어들면서 외로움에 따른 건강 문제가 심각해지고 있다고 전문가들은 말한다. 하지만 (외로움을 극복하는 방법은 의외로 간단하다.) 예를 들어 ‘괜찮으세요?’라고 물으면서 시작되는 간단한 대

解　答

화가 상대방뿐만 아니라 질문을 하는 당사자의 건강에도 도움이 되며 일상 속에서 살아갈 힘을 주게 된다고 한다.

[日本語訳]

喫煙や飲酒、過食*が健康に有害だということは誰もが知っている事実である。しかし、寂しさが健康に悪影響を及ぼすという事実はそれほど知られていない。最近、数年間流行しているインフルエンザのせいで人々のコミュニケーションが減ってきて、寂しさによる健康問題が深刻になっていると専門家たちは言っている。しかし、(寂しさを克服する方法は意外と簡単だ。)例えば「大丈夫ですか？」と聞くことで始まる簡単な対話が相手だけではなく、質問をする当事者の健康にも助けになり、日常の中で生きていく力を与えてくれるのだそうだ。

【問１】 空欄補充問題

① 외로움을 이겨내는 것은 결코 간단한 일이 아니다.
→ 寂しさに打ち勝つことは決して簡単なことではない。

❷ 외로움을 극복하는 방법은 의외로 간단하다.
→ 寂しさを克服する方法は意外と簡単だ。

③ 독감은 앞으로도 계속 유행할 전망이다.
→ インフルエンザはこれからもずっと流行する見通しである。

④ 독감에 걸리는 사람이 증가하고 있다.
→ インフルエンザにかかる人が増加している。

学習Ⓟ 「インフルエンザ」は인플루엔자、독감〈毒感〉と言う。

解　答

【問２】 内容の一致を問う問題

❶ 건강을 위해서라도 다른 사람과의 소통은 중요하다.
→ 健康のためにも他の人とのコミュニケーションは重要だ。

② 외로움을 느끼게 되면 흡연과 음주의 양이 늘게 된다.
→ 寂しさを感じるようになると、喫煙と飲酒の量が増える。

③ 외로움을 극복하기 위해서는 꾸준한 운동이 필요하다.
→ 寂しさを克服するためには、たゆまぬ運動が必要だ。

④ 의사소통이 줄면 독감이 유행하게 된다.
→ 意思の疎通が減ると、インフルエンザが流行することになる。

学習P 소통「疎通」は、「さわりなく通ること」という意味で用いられることが多い。(例) 교통 소통이 잘된다「交通が円滑だ」、차량 소통이 원활하다「車の流れがスムーズだ」

9 読解問題 〈各２点〉

담　임 : 이제 슬슬 지수의 진학을 진지하게 고민하셔야 할 시기가 된 것 같습니다.

학부모 : 저희 애가 학력 따윈 쓸데없다고 그냥 취업을 하겠다고 하네요.

담　임 : 지수 성적이면 대학 들어가서 얼마든지 장학금 받으면서 공부할 수 있고 대학을 졸업하면 더 좋은 직장에 취업할 수 있는데 솔직히 저는 이해가 되지 않습니다.

학부모 : 저도 부모로서 (어느 쪽이 자식을 위한 일인지 판단이 서지 않아 속상합니다.)

담　임 : 훗날 대학 갈 걸 그랬다고 후회해 봤자 소용없습니다. 지수를 좀 더 설득해 보세요.

解 答

학부모 : 애가 워낙 고집이 세서 말이 먹힐지 모르겠습니다.

[日本語訳]

担　任：もうそろそろチスの進学のことを真剣に悩まなければならない時期になったと思います。

学生の親：うちの子が学歴なんて役に立たない、そのまま就職すると言うんですよ。

担　任：チスの成績なら大学に入っていくらでも奨学金をもらいながら勉強できるし、大学を卒業したらもっといい会社に就職できるのに、正直私には理解できません。

学生の親：私も親として(どちらが子供のためになるのか判断が付かず、悲しいです。)

担　任：あとで大学に行けばよかったと後悔しても無駄です。チスをもう少し説得してみてください。

学生の親：あの子はなにせ強情っぱりなので、言うことを聞くか分かりません。

【問 1】 空欄補充問題

❶ 어느 쪽이 자식을 위한 일인지 판단이 서지 않아 속상합니다.
→ どちらが子供のためになるのか判断が付かず、悲しいです。

② 장학금이 과연 필요한지 의문입니다.
→ 奨学金が果たして必要なのか疑問です。

③ 지수에게 어느 회사에 가라고 해야 할지 모르겠습니다.
→ チスにどの会社に行けと言ったらいいのか分かりません。

④ 지수가 원하는 대로 진학할 수 있을지 걱정됩니다.
→ チスが望んでいる通りに進学できるか心配です。

解　答

学習Ⓟ ①の속상합니다は、腹が立ったり心配したりして속이 상하다「心が痛む」という意味。(例)일이 잘 안 돼 속상했다「仕事がうまくいかずむしゃくしゃした」、시험에 떨어져서 속이 상했다「試験に落ちて悔しかった」。

【問２】 担任の考えとして正しいものを選ぶ問題

① 취업하는 데 학력은 중요하지 않다.
→ 就職するのに学歴は大事ではない。

❷ 지수가 대학에 진학하는 것이 바람직하다.
→ チスが大学に進学する方が望ましい。

③ 벌써부터 진학을 고민할 필요는 없다.
→ 今から進学のことを悩む必要はない。

④ 부모는 지수의 생각을 존중해야 한다.
→ 親はチスの考えを尊重しなければならない。

学習Ⓟ 対話文の一番最後の親の発話、말이 먹힐지 모르겠습니다の먹히다は①「食べられる」と②受け入れられるという意味があり、「言葉が受け入れられるか分かりません」という意味。(例)아무리 공격을 해도 안 먹힌다「いくら攻撃をしても効かない」、씨(씨알)도 안 먹히다「歯が立たない」、「相手にされない」。

10 読解問題 〈各２点〉

한 연구팀의 발표에 의하면 여성들의 경제 활동이 활발한 나라일수록 오히려 출산율이 높아지고 있다고 한다. 또한 오늘날의 선진국에서는 대부분의 여성들이 직업과 자녀를 모두 갖고 싶어 한다고 지적했다. 한국은 일본, 폴란드와 나란히 남성의 육아* 분담률이 낮은 3국 중 하나로 세계에서 출산율이 가장 낮은 나라이다. 즉 남성이

解 答

육아와 가사 분담을 덜 하면 덜 할수록 저출산으로 이어지는 상관관계에 놓여 있다는 것이다. 여성이 일을 한다고 해서 출산율이 낮아지는 것이 아니다. 이 연구의 결과는 저출산을 극복하려면 남성이 더욱더 적극적으로 육아에 참여해야 한다는 것을 의미한다.

[日本語訳]

ある研究チームの発表によると女性たちの経済活動が活発な国ほどむしろ出産率が高くなっているそうだ。また今日の先進国では、ほとんどの女性たちが仕事と子供の両方を得たいと思っていると指摘した。韓国は日本、ポーランドと並んで男性の育児*分担率が低い三つの国の中の一つであり、世界で出産率が最も低い国である。つまり男性が育児と家事の分担をしなければしないほど少子化につながる相関関係に置かれているということだ。女性が仕事をするからといって出産率が低くなるのではない。この研究の結果は少子化を克服するためには男性がなお一層積極的に育児に参加しなければならないということを意味する。

【問１】 本文のタイトルとして最もふさわしいものを選ぶ問題

① 여성이 가사에 몰두해야 하는 이유
→ 女性が家事に没頭しなければならない理由

② 직장을 다니지 않는 여성의 출산율
→ 会社勤めをしていない女性の出産率

❸ 출산율을 높이기 위한 방도
→ 出産率を上げるための方途

④ 선진국이 출산율이 높은 이유
→ 先進国の出産率が高い理由

解　答

学習P ②の직장을 다니지 않는 여성は、「職場に通っていない女性」という表現。

【問２】 内容の一致を問う問題

① 여성이 직업을 가지게 되면 당연히 출산율은 낮아진다.
→ 女性が仕事を持つようになると、当然出産率は低くなる。

❷ 출산율을 높이기 위해서는 남성이 적극적으로 육아에 참여해야 한다.
→ 出産率を上げるためには、男性が積極的に育児に参加しなければならない。

③ 일본 남성들은 한국 남성들보다 집안일을 덜 한다.
→ 日本の男性たちは韓国の男性たちより家事をしない。

④ 여성이 집안일을 맡으면 남성은 더욱더 일에 집중하게 된다.
→ 女性が家事を受け持つと、男性はより一層仕事に集中するようになる。

学習P ③と本文中の덜 하다の덜は、「より少なく」、「まだ～ない」という意味で、빨래가 덜 말랐다「洗濯物がまだ生乾きだ」、오늘은 어제보다 덜 춥다「今日は昨日ほど寒くない」のように使う。

11 翻訳問題(韓国・朝鮮語→日本語) 〈各２点〉

1) 지금 나는 찬밥 더운밥 가릴 수 있는 처지가 아니다.
→ 今、私は贅沢を言える立場ではない。

① 好き嫌いをはっきりさせる → 호 불호를 확실히 하는
❷ 贅沢(ぜいたく)を言える → 찬밥 더운밥 가릴 수 있는
③ ご飯に夢中になる → 밥에 환장하는
④ おかずに文句を言う → 반찬 투정을 하는

学習P 찬밥 더운밥을 가리다は、「冷めたご飯と温かいご飯の内どちらかを選ぶ」

解　答

という意味で、찬밥 더운밥을 가릴 때가 아니다(冷めたご飯、温かいご飯を選んでいる場合じゃない)のように使われることが多い。

2）아직 신혼인데 사흘이 멀다 하고 남편과 다툰다.
→ まだ新婚なのに頻繁に夫と喧嘩(けんか)する。

❶ 頻繁(ひんぱん)に → 사흘이 멀다 하고
② 四日間続けて → 나흘 연속으로
③ 距離感が分からず → 거리감을 알 수 없어
④ 離れているにもかかわらず → 떨어져 있음에도 불구하고

学習P 사흘이 멀다 하고は「三日にあげず」という慣用句で、何かが毎日のように頻繁に行われることを表す表現。

3）보험 가입 조건이 여간 까다로운 게 아니다.
→ 保険の加入条件が非常にややこしい。

❶ 非常にややこしい。
→ 여간 까다로운 게 아니다.
② まったくややこしくない。
→ 전혀 까다롭지 않다.
③ どちらかというとややこしい方だ。
→ 어느 쪽이냐 하면 까다로운 편이다.
④ ややこしいとは言えない。
→ 까다롭다고는 할 수 없다.

学習P 여간 －게(것이) 아니다は、「ちょっとやそっとの～ではない」、「とても～だ」という意味の慣用表現。肯定の意味をより強調したい時に用いられる。

解 答

12 翻訳問題(日本語→韓国・朝鮮語) 〈各2点〉

1) ひどい目に遭う前にこの辺でやめておきな。

→ 좋은 말 할 때 여기서 그만둬.

① 운 좋은 상황을 만나기 전에 → 運がいい状況に遭う前に
② 눈에 들기 전에 → 目に留まる前に
❸ 좋은 말 할 때 → ひどい目に遭う前に
④ 희망을 말할 때 → 希望を言う時に

学習P 좋은 말(로) 할 때は、「優しく言ってるうちに」という意味で、「キレる前に」という意味として使う。

2) 人の話を鵜呑(うの)みにしてはいけません。

→ 남의 말을 그대로 믿어서는 안 됩니다.

① 깔끔히 마시면 안 돼요. → きちんと飲んではいけません。
② 의심하며 들어서는 안 됩니다. → 疑って聞いてはいけません。
❸ 그대로 믿어서는 안 됩니다. → 鵜呑みにしてはいけません。
④ 통째로 전하면 안 돼요. → 丸ごと伝えてはいけません。

学習P ③の그대로 믿어서는 안 됩니다は、「そのまま信じてはいけません」という意味で、「鵜呑みにする」は그대로 믿다あるいは그대로 받아들이다と言う。

3) 時間がなくて旅行に行こうにも行けない。

→ 시간이 없어서 여행을 갈래야 갈 수가 없다.

❶ 갈래야 갈 수가 없다. → 行こうにも行けない。
② 갈 듯 말 듯했다. → 行きそうで行かない感じだった。

解　答

③ 얼마나 가고 싶었는지 모른다. → どれほど行きたかったか知れない。

④ 갈 수 있다니 꿈만 같다. → 行けるなんて夢のようだ。

学習P ①の -(으)ㄹ래야 -(으)ㄹ 수 없다は、「〜しようとしても〜できない」という意味の慣用表現。

準２級聞きとり 正答と配点

●40点満点

問題	設問	マークシート番号	正　答	配　点
1	1)	1	②	2
	2)	2	①	2
	3)	3	④	2
	4)	4	①	2
2	1)	5	④	2
	2)	6	②	2
	3)	7	②	2
	4)	8	②	2
3	1)	9	①	2
	2)	10	③	2
	3)	11	③	2
	4)	12	④	2
4	1)	13	③	2
	2)	14	③	2
	3)	15	②	2
	4)	16	①	2
5	1)	17	④	2
	2)	18	③	2
	3)	19	④	2
	4)	20	②	2
合　計				40

準２級筆記　正答と配点

●60点満点

問題	設問	マークシート番号	正答	配点
1	1)	1	②	2
	2)	2	③	2
2	1)	3	④	1
	2)	4	①	1
	3)	5	②	1
	4)	6	③	1
	5)	7	①	1
	6)	8	④	1
3	1)	9	①	1
	2)	10	④	1
	3)	11	①	1
	4)	12	②	1
	5)	13	③	1
	6)	14	①	1
4	1)	15	①	1
	2)	16	②	1
	3)	17	④	1
	4)	18	①	1
	5)	19	③	1
5	1)	20	①	2
	2)	21	④	2
	3)	22	②	2

問題	設問	マークシート番号	正答	配点
6	1)	23	③	2
	2)	24	③	2
	3)	25	④	2
7	1)	26	②	1
	2)	27	①	1
	3)	28	④	1
8	問1	29	②	2
	問2	30	①	2
9	問1	31	①	2
	問2	32	②	2
10	問1	33	③	2
	問2	34	②	2
11	1)	35	②	2
	2)	36	①	2
	3)	37	①	2
12	1)	38	③	2
	2)	39	③	2
	3)	40	①	2
合　計				60

準2級

全17ページ
聞きとり 20問/30分
筆　　記 40問/60分

2023年 秋季 第60回
「ハングル」能力検定試験

【試験前の注意事項】
1）監督の指示があるまで、問題冊子を開いてはいけません。
2）聞きとり試験中に筆記試験の問題部分を見ることは不正行為となるので、充分ご注意ください。
3）この問題冊子は試験終了後に持ち帰ってください。
　マークシートを教室外に持ち出した場合、試験は無効となります。
※CD 3などの番号はＣＤのトラックナンバーです。

【マークシート記入時の注意事項】
1）マークシートへの記入は「記入例」を参照し、ＨＢ以上の黒鉛筆またはシャープペンシルではっきりとマークしてください。ボールペンやサインペンは使用できません。
　訂正する場合、消しゴムで丁寧に消してください。
2）氏名、受験地、受験地コード、受験番号、生まれ月日は、もれのないよう正しく記入し、マークしてください。
3）マークシートにメモをしてはいけません。メモをする場合は、この問題冊子にしてください。
4）マークシートを汚したり、折り曲げたりしないでください。

※試験の解答速報は、11月12日の全級試験終了後（17時頃）、協会公式ＨＰにて公開します。
※試験結果や採点について、お電話でのお問い合わせにはお答えできません。

◆次回 2024年 春季 第61回検定：6月2日（日）実施◆

問　題

聞きとり問題

聞きとり試験中に筆記問題を解かないでください。

04

1 短い文と選択肢を２回ずつ読みます。文の内容に合うものを①～④の中から１つ選んでください。
（マークシートの１番～４番を使いなさい）　〈2点×4問〉

05

１）＿＿＿＿＿＿＿＿＿＿＿＿＿＿＿＿＿＿＿＿＿＿　マークシート 1

①＿＿＿＿＿　②＿＿＿＿＿　③＿＿＿＿＿　④＿＿＿＿＿

06

２）＿＿＿＿＿＿＿＿＿＿＿＿＿＿＿＿＿＿＿＿＿＿　マークシート 2

①＿＿＿＿＿　②＿＿＿＿＿　③＿＿＿＿＿　④＿＿＿＿＿

07

３）＿＿＿＿＿＿＿＿＿＿＿＿＿＿＿＿＿＿＿＿＿＿　マークシート 3

①＿＿＿＿＿　②＿＿＿＿＿　③＿＿＿＿＿　④＿＿＿＿＿

問　題

08

4）＿＿＿＿＿＿＿＿＿＿＿＿＿＿＿＿＿＿＿＿＿　マークシート 4

①＿＿＿＿　②＿＿＿＿　③＿＿＿＿　④＿＿＿＿

09

2

対話文を聞いて、その内容と一致するものを①～④の中から１つ選んでください。問題文は2回読みます。
(マークシートの５番～８番を使いなさい)　〈2点×4問〉

10

マークシート 5

1）남：＿＿＿＿＿＿＿＿＿＿＿＿＿＿＿＿＿＿＿＿＿
　　여：＿＿＿＿＿＿＿＿＿＿＿＿＿＿＿＿＿＿＿＿＿

① 남자는 여자보다 한 시간 일찍 일어났다.
② 남자는 꾀병 부리는 여자를 꾸짖고 있다.
③ 남자는 여자를 깨우고 있다.
④ 여자는 몸살을 앓고 있다.

問 題

11 マークシート 6

2）여：＿＿＿＿＿＿＿＿＿＿＿＿＿＿＿＿＿＿＿＿

　　남：＿＿＿＿＿＿＿＿＿＿＿＿＿＿＿＿＿＿＿＿

① 여자는 남자에게 이사 갈 것을 권했다.
② 남자는 최근 교회에 다니기 시작했다.
③ 남자는 도둑을 맞아서 집을 옮기게 되었다.
④ 남자는 도시에서 벗어나서 살기로 했다.

12 マークシート 7

3）남：＿＿＿＿＿＿＿＿＿＿＿＿＿＿＿＿＿＿＿＿

　　여：＿＿＿＿＿＿＿＿＿＿＿＿＿＿＿＿＿＿＿＿

① 남자는 장사가 잘되기를 바라고 있다.
② 여자는 하루빨리 손자를 보고 싶어 한다.
③ 여자는 결혼 못한 아들이 걱정이다.
④ 여자는 손자가 태어나서 기뻐하고 있다.

問　題

13　マークシート 8

4）여：

　　남：

① 남자는 취업 활동에 어려움을 겪고 있다.

② 여자는 남자에게 직장을 소개해 주었다.

③ 남자는 취직할 생각이 없다.

④ 남자는 사업에서 실패를 되풀이하고 있다.

問 題

14

3 短い文を２回読みます。引き続き選択肢も２回ずつ読みます。応答文として適切なものを①～④の中から１つ選んでください。

（マークシートの９番～12番を使いなさい）　〈2点×4問〉

15

1）남：____________________________

여：（ マークシート 9 ）

①______________　②______________

③______________　④______________

16

2）여：____________________________

남：（ マークシート 10 ）

①______________　②______________

③______________　④______________

問　題

🔊 17

3） 남 : ____________________

여 : (マークシート 11)

① ____________　② ____________

③ ____________　④ ____________

🔊 18

4） 여 : ____________________

남 : (マークシート 12)

① ____________　② ____________

③ ____________　④ ____________

問　題

19

4 文章もしくは対話文を聞いて、問いに答える問題です。問題文は２回読みます。

（マークシートの13番～16番を使いなさい）　〈2点×4問〉

20

1）文章を聞いて、その内容と一致するものを①～④の中から１つ選んでください。　マークシート13

---

① 제주 관광을 하려면 가을철을 놓치지 말아야 한다.
② 제주의 말고기 요리는 손님들을 만족시킬 것이다.
③ 제주도에 관광객을 부르기 위한 방법이 발표되었다.
④ 제주에는 일곱 가지 특별 관광 코스가 있다.

22

2）次の文章は何について話しているのか、適切なものを①～④の中から１つ選んでください。　マークシート14

問 題

① 작품 제목의 유래
② 주인공의 별난 성격
③ 변호사의 장단점
④ 작품에 대한 평가

🔊 24

3）次の対話文は何について話しているのか、適切なものを①〜④の中から１つ選んでください。 マークシート 15

여：＿＿＿＿＿＿＿＿＿＿
남：＿＿＿＿＿＿＿＿＿＿
여：＿＿＿＿＿＿＿＿＿＿
남：＿＿＿＿＿＿＿＿＿＿

① 독서가 아이들에게 주는 영향
② 어휘 습득에 효과적인 학습 방법
③ 어휘 시험에 대한 분석 결과
④ 아이들의 어휘력이 늘지 않는 요인

問題

🔊 26

4）対話文を聞いて、その内容と一致するものを①～④の中から１つ選んでください。 マークシート 16

남：＿＿＿＿＿＿＿＿＿＿＿＿＿＿＿＿＿＿＿＿

여：＿＿＿＿＿＿＿＿＿＿＿＿＿＿＿＿＿＿＿＿

남：＿＿＿＿＿＿＿＿＿＿＿＿＿＿＿＿＿＿＿＿

여：＿＿＿＿＿＿＿＿＿＿＿＿＿＿＿＿＿＿＿＿

① 남편은 호화로운 음식을 즐겨 먹는다.
② 아내는 입맛이 없어 저녁을 굶었다.
③ 아내는 소화가 되지 않아 고통을 겪고 있다.
④ 이 부부네 집은 살림이 넉넉하지 못하다.

問　題

28

5 文章もしくは対話文を聞いて、問いに答える問題です。問題文と選択肢をそれぞれ２回ずつ読みます。

(マークシートの17番～20番を使いなさい)　〈2点×4問〉

29

1）次の文章のタイトルとして適切なものを①～④の中から１つ選んでください。　マークシート **17**

---

①＿＿＿＿＿＿　②＿＿＿＿＿＿

③＿＿＿＿＿＿　④＿＿＿＿＿＿

問　題

32

2）次の文章はどういう内容の文章なのか、適切なものを①～④の中から１つ選んでください。　マークシート 18

----

①__________　②__________

③__________　④__________

35

3）対話文を聞いて、その状況を表したものを①～④の中から1つ選んでください。　マークシート 19

남 : __________

여 : __________

남 : __________

여 : __________

①__________　②__________

③__________　④__________

問 題

38

4）対話文を聞いて、その内容と一致するものを①～④の中から1つ選んでください。　マークシート20

남：＿＿＿＿＿＿＿＿＿＿＿＿＿＿＿＿

여：＿＿＿＿＿＿＿＿＿＿＿＿＿＿＿＿

남：＿＿＿＿＿＿＿＿＿＿＿＿＿＿＿＿

여：＿＿＿＿＿＿＿＿＿＿＿＿＿＿＿＿

①＿＿＿＿＿＿＿＿　②＿＿＿＿＿＿＿＿

③＿＿＿＿＿＿＿＿　④＿＿＿＿＿＿＿＿

問　題

筆記問題

筆記試験中に聞きとり問題を解かないでください。

1 下線部を発音どおり表記したものを①～④の中から1つ選びなさい。
(マークシートの１番～２番を使いなさい)　〈2点×2問〉

1）종착역까지는 두 시간이 걸린대요.　マークシート 1

① [종창격]　② [종차격]　③ [종창녁]　④ [종찬녁]

2）널 다시는 볼 일이 없기를 바란다.　マークシート 2

① [본니리]　② [보리리]　③ [보니리]　④ [볼리리]

2 (　　　)の中に入れるのに最も適切なものを①～④の中から１つ選びなさい。
(マークシートの３番～８番を使いなさい)　〈1点×6問〉

1）경쾌한 음악에 맞춰 (マークシート 3)을 친다.

① 손뼉　② 소풍　③ 손짓　④ 송신

問 題

2）장마철에는 빨래가 잘 마르지 않고 늘 (マークシート **4**).

① 잠잠하다　② 축축하다　③ 진지하다　④ 짤막하다

3）어르신들도 알아들으시게 (マークシート **5**) 설명해야 한다.

① 띄엄띄엄　② 근질근질　③ 구불구불　④ 차근차근

4）A：나 이제 의대 시험 그만 볼 생각이야.
B：왜? (マークシート **6**) 때까지 해 봐야지.
A：공부에 너무 질렸어.

① 구멍이 날　② 날개를 펼　③ 모양을 낼　④ 끝장을 볼

5）A：옆집이 사업이 잘돼서 큰 집으로 이사간대.
B：남이야 (マークシート **7**) 난 당신만 있으면 돼.

① 그러거나 말거나　② 그러면 그렇지
③ 그럼에도 불구하고　④ 그도 그럴 것이

6）A：아까 그분과는 잘 아시는 사이신가 봐요?
B：그럼요. 포장마차 시절부터 같이 장사했던 말하자면 (マークシート 8)을 함께한 동지인걸요.

① 비몽사몽　② 구사일생　③ 자업자득　④ 생사고락

3 (　　)の中に入れるのに適切なものを①～④の中から1つ選びなさい。
(マークシートの9番～14番を使いなさい)　〈1点×6問〉

1）아끼던 제자(マークシート 9) 반가운 소식이 왔다.

① 더러　② 에서부터　③ 보고　④ 로부터

2）이 일은 무슨 일이 있어도 (マークシート 10) 다짐했다.

① 끝낸대서　② 끝낸다거나　③ 끝내느라고　④ 끝내리라고

3）이 프로젝트에는 경력(マークシート 11) 누구든 참여할 수 있다.

① 을 불문하고　② 에도 불구하고
③ 과 더불어　④ 만 아니면

問 題

4）나는 정치에는 손톱(マークシート 12) 관심이 없다.

① 마저　② 만치　③ 만큼도　④ 조차

5）A：교수님 뵙지 못했지?
B：응, 문 앞에서 한참 기다렸는데 안 오셨어. 내일 다시 가 봐야지.
A：다시 (マークシート 13) 소용없어. 어제 유럽으로 출장 가셨대.

① 가 보든지　② 가 봤자
③ 가 봤더라면　④ 가 본다면야

6）A：오늘따라 왜 이렇게 늦게 들어오는 거니? 비도 오는데.
B：태수가 우산이 없다길래 집까지 데려다줬어요.
A：그랬구나! 잘했네. 친구가 곤란할 때 (マークシート 14) 못쓰지.

① 본 체 만 체하면　② 보는가 싶으면
③ 볼까 말까 하면　④ 볼 만하면

4

文の意味を変えずに、下線部の言葉と置き換えが可能なものを①～④の中から１つ選びなさい。
(マークシートの15番～19番を使いなさい)　〈1点×5問〉

1) 길게 늘어놓지 말고 요점만 말하는 것이 좋다.　マークシート 15

① 간결하게　② 간절하게　③ 간직하게　④ 간지럽게

2) 실력 차가 너무 큰 것 같아서 대전하기도 전에 자신감을 잃었다.　マークシート 16

① 기가 찼다　② 기가 꺾였다
③ 기가 막혔다　④ 기가 살았다

3) 이렇게 예쁜 짓만 골라서 하는 아이를 누가 미워할 수 있을까?　マークシート 17

① 미워하려면 멀었다
② 미워할 듯 말 듯하다
③ 미워하려던 참이다
④ 미워할래야 미워할 수가 없다

4）현시대에 도저히 믿을 수가 없는 현상이 일어났다.

マークシート 18

① 대동소이한　　② 반신반의한
③ 불가사의한　　④ 애매모호한

5）A：내가 안경을 머리에 쓰고도 한참 찾았지 뭐야.
　B：너도 참. 머리에 쓰고도 그걸 모르다니.　マークシート 19

① 누워서 떡 먹기지　　② 배보다 배꼽이 더 크네
③ 병 주고 약 주시네　　④ 등잔 밑이 어둡다더니

問 題

5 すべての(　　)の中に入れることができるもの(用言は適当な活用形に変えてよい)を①〜④の中から１つ選びなさい。(マークシートの20番〜22番を使いなさい)　〈2点×3問〉

1) ・두 사람 우정에 (　　　)이 갔다.
・땅바닥에 발로 (　　　)을 그었다.
・그릇 보관을 잘 못해서 이렇게 (　　　)이 갔다.

マークシート 20

① 줄　② 금　③ 선　④ 맛

2) ・강연회는 대성공을 (　　　).
・그녀는 부모 없는 아이들을 혼자서 (　　　).
・소파에 앉은 채 조용히 숨을 (　　　).

マークシート 21

① 맡다　② 쉬다　③ 거두다　④ 돌보다

3) ・난 유행을 쉽게 (　　　)옷은 되도록 사지 않는다.
・네 신랑이 많이 취했구나. 아침에 꿀물 (　　　) 먹여라.
・상을 (　　　) 가만히 있니? 한턱내야지.

マークシート 22

① 타다　② 얻다　③ 받다　④ 따르다

対話文を完成させるのに最も適切なものを①～④の中から1つ選びなさい。
(マークシートの23番～25番を使いなさい)　〈2点×3問〉

1) A：내일이면 큰비는 멎을 거래요.
B：(マークシート23)
A：네. 농사를 망칠까 봐 조마조마했어요.

① 이제는 바닥이 보인단 말이지.
② 듣기 좋으라고 하는 소리 아니야?
③ 세월이 약이라고 하지 않았니?
④ 겨우 두 발 뻗고 잘 수 있겠구나.

2) A：점심 먹은 후부터 메스껍고 자꾸 식은땀이 나.
B：(マークシート24)
A：미안해서 어떡하지? 그럼 부탁할게.

① 땀이 난다고 바로 에어컨 켜면 안 되지.
② 아무리 신세 타령 해 봤댔자 달라질 건 없어.
③ 남은 일은 내가 할 테니 들어가서 쉬어.
④ 마침 소화제 먹으려던 참이었어.

3） A：이젠 예사로운 일이 된 온라인 강의에 대해서 어떻게 생각해?

B：단점도 있지만 나름의 장점도 있지 않을까?

A：（ マークシート**25** ）

B：그런데 거기에 너무 익숙해지면 일반 수업으로 돌아가기가 어려울 것 같아.

① 시공간적으로 자유롭다는 것이 가장 좋은 점이겠지?
② 친구들과 어울리지 못하는 게 흠이 된다고 생각해.
③ 학교에 가지 못하면 사회 생활에 문제가 생기지 않을까?
④ 학점을 제대로 딸 수 있을지 불안하기는 해.

問　題

7

下線部の漢字と同じハングルで表記されるものを①～④の中から１つ選びなさい。
(マークシートの26番～28番を使いなさい)　〈1点×3問〉

1）態勢　マークシート 26

①代　②待　③貸　④泰

2）栽培　マークシート 27

①祭　②提　③災　④制

3）姓名　マークシート 28

①省　②選　③宣　④先

問　題

8 文章を読んで【問１】〜【問２】に答えなさい。
（マークシートの29番〜30番を使いなさい）　〈2点×2問〉

오랜만에 중국 음식점에서 우리 가족 네 명이 저녁을 먹고 나오는데 결제 금액을 보고 깜짝 놀랐다. 오만 원이 넘는 액수가 영수증에 찍혀 있었다.

이틀 분 식비보다 많은 돈이 한 끼 식사로 사라졌다. 오만 원, 맞벌이 시절이었다면 몰라도 현재 휴직 중인 나 같은 사람에게는 가볍지 않은 액수다.

나는 아이들이 어릴 때 함께 많은 시간을 보내고 싶어 올해 휴직을 선택했다. 그러나 휴직은 수입의 감소를 의미하는 만큼 절약하는 생활이 기본이 되어야 한다. (マークシート29) 외벌이 통장이 버티지 못한다.

【問１】（マークシート29）に入れるのに最も適切なものを①〜④の中から１つ選びなさい。　マークシート29

① 이런저런 기분을 내느라 맞벌이 시절처럼 써 버리면
② 조금씩이라도 돈을 아껴서 저금을 하면
③ 아이들이 컸으니 이제는 맞벌이로 일하지 않으면
④ 아이들을 구실로 계속 일을 미루면

問　題

【問２】 筆者の主張として適切なものを①～④の中から１つ選びなさい。 マークシート 30

① 낭비하지 않도록 주의해야 한다.
② 음식점의 가격이 너무 비싸다.
③ 아이를 키울 때 맞벌이는 좋지 않다.
④ 맞벌이를 해야만 가족을 살릴 수 있다.

対話文を読んで【問１】～【問２】に答えなさい。
（マークシートの31番～32番を使いなさい）　〈2点×2問〉

A：어떤 교수님이 쓴 책을 봤는데 ㉛아이 키우는 일은 내려놓는 일의 연속이라더라.

B：그게 무슨 말이야?

A：첫째는 내 아이가 기대보다 공부를 잘하지 못한다는 것을 받아들여야 하고, 둘째는 아이가 공부는 못해도 착할 줄 알았는데 착하지도 않다는 것을 받아들여야 한다는 거야.

B：말만 들어도 속상해. 아이가 문제 일으켜 학교에서 전화가 왔을 땐 내 인생 전부를 부정당하는 느낌이 들었거든.

A：셋째는 내 아이가 착하지는 않아도 건강할 줄 알았는데 건강하지도 않다는 것을 받아들이는 거래.

B：아이 건강에 어려움이 생겼을 때 부모가 아이 건강 외에 뭘 더 바라겠어?

A：그렇게 내려놓는 것이 부모가 되는 과정이래.

問　題

【問１】 31'아이 키우는 일은 내려놓는 일'の意味として適切なものを①～④の中から１つ選びなさい。 マークシート31

① 아이의 기대에 어긋나는 행동을 하지 않는다.
② 아이의 잘못을 눈감아 준다.
③ 아이에게 너무 많은 것을 바라지 않는다.
④ 아이에게 더 많은 관심을 가진다.

【問２】 本文の内容と一致するものを①～④の中から１つ選びなさい。 マークシート32

① 부모가 마음을 비우지 않으면 아이가 비뚤어진다.
② 부모가 원하는 대로 아이가 자라는 것은 아니다.
③ 부모가 제 자식 못났다고 탓하면 안 된다.
④ 부모도 실패를 거듭하면서 성장한다.

問題

10 文章を読んで【問１】～【問２】に答えなさい。
（マークシートの33番～34番を使いなさい）　〈2点×2問〉

기후 위기와 불평등은 서로 깊은 관련이 있다. '어떻게 기후 위기에서 벗어날 것인가'는 '어떻게 불평등을 해결할 것인가'와 함께 다루어야 할 문제다.

불평등은 소수의 단기적 이익을 위해 우리 모두의 장기적 이익을 파괴한다. 온실가스*는 이 세상 모든 곳에서 평등하게 증가해도 그 피해의 대부분은 불평등하게 가난한 곳에서 일어난다. （マークシート33）

이대로 우리가 이 세상을 바꾸지 않는다면 기후 위기가 전 세계를 파괴할 것이다. 다행히도 아직 늦지 않았다. 하지만 망설이기에는 너무 늦었다.

*）온실가스：温室効果ガス

【問１】（マークシート33）に入れるのに最も適切なものを①～④の中から１つ選びなさい。　マークシート33

① 즉, '가진 자'들이 일으킨 위험이 '가지지 못한 자'들에게 일어나는 것이다.
② 이러한 불평등을 해결하기엔 이미 늦었다.
③ 그래서 가난한 곳으로는 가지 말아야 한다.
④ 이 굳어진 구도는 절대로 바뀌지 않을 것이다.

【問２】 本文の内容に表れているものを①～④の中から1つ選びなさい。 マークシート34

① 폭력을 불러일으키는 경제적 불평등
② 심각한 빈부 격차에 대한 원망
③ 기후 위기에 빨리 대처하라는 경고
④ 불평등이 곧 해결될 거라는 기대

11

下線部の日本語訳として適切なものを①～④の中から１つ選びなさい。
（マークシートの35番～37番を使いなさい） 〈2点×3問〉

1）남자 친구와 헤어진다고 했더니 엄마가 펄펄 뛰었다. マークシート35

① 大変喜んだ。
② 猛反対した。
③ 腰を抜かした。
④ 飛び跳ねた。

2）돈을 빌려서 시작한 사업이 망해서 부모님을 볼 낯이 없다.

マークシート36

① 親の顔色をうかがった。
② 親に苦労をかけた。
③ 親に会っていない。
④ 親に顔向けできない。

3）아닌 말로 네가 나에게 잘해 준 게 뭐가 있어?　マークシート37

① 言い換えるなら
② こう言っちゃなんだけど
③ 嘘じゃなくて
④ 陰で言うのは嫌だから

12 下線部の訳として適切なものを①～④の中から1つ選びなさい。
(マークシートの38番～40番を使いなさい)　〈2点×3問〉

1）授業参観には母に来てもらいたかった。　マークシート38

① 엄마가 와 주었으면 했다.
② 엄마에게 와 받고 싶었다.
③ 엄마에게 와 달라고 졸랐다.
④ 엄마가 오실 걸 그랬다.

2）彼は平気で人を騙（だま）す。

マークシート 39

① 아무렇게나
② 밥 먹듯
③ 밤낮을 가리지 않고
④ 차분하게

3）心配しないでください。何でもありません。 マークシート 40

① 아무 것도 없습니다.
② 뭐라 드릴 말씀이 없습니다.
③ 별일 아닙니다.
④ 무엇이든 괜찮습니다.

解　答　（＊白ヌキ数字が正答番号）

聞きとり 解答と解説

1 文の内容に合うものを選ぶ問題 〈各２点〉

1）집중력을 가지고 일하면 이것을 높일 수 있습니다.
→ 集中力をもって働けばこれを高めることができます。

① 정열 → 情熱　② 입력 → 入力
❸ 능률 → 能率　④ 식욕 → 食欲

学習P 名詞を選ぶ問題。능률は[능눌]と発音される。

2）남이 하고자 하는 행동을 못 하게 한다는 뜻입니다.
→ 他の人がしようとする行動をできなくするという意味です。

❶ 말리다 → 止める、やめさせる
② 매달리다 → ぶらさがる、すがる
③ 꾸짖다 → 叱る
④ 펼치다 → 広げる

学習P 動詞を選ぶ問題。

3）위험한 일에도 망설이지 않고 뛰어든다는 말입니다.
→ 危険な事にも躊躇（ちゅうちょ）せず身を投じるという言葉です。

① 몸을 버리다 → 健康を損なう、体を壊す
② 손을 내밀다 → 手を出して物を要求する、干渉する
③ 못할 짓을 하다 → ひどいことをする

解　答

❹ 물불을 가리지 않다　→ 水火も辞さない

学習P 慣用句を選ぶ問題。

4）한 가지 일을 하여 두 가지 이상의 이익을 얻는다는 뜻입니다.
→ 一つの事をして二つ以上の利益を得るという意味です。

① 누워서 떡 먹기　→ 朝飯前
② 범에게 날개　→ 鬼に金棒
❸ 꿩 먹고 알 먹기　→ 一石二鳥、一挙両得
④ 물 위의 기름　→ 水と油

学習P ことわざを選ぶ問題。

2 内容一致問題（選択肢はハングルで活字表示）　〈各２点〉

1）남：언제까지 안 일어날 작정이야?
여：연일 야근을 해서 못 잤단 말이야. 한 시간만 더 잘게.
→ 男：いつまで起きないつもりだ？
女：連日夜勤して寝てないのよ。あと１時間だけ寝る。

① 남자는 여자보다 한 시간 일찍 일어났다.
→ 男性は女性より1時間早く起きた。
② 남자는 꾀병 부리는 여자를 꾸짖고 있다.
→ 男性は仮病を使う女性を叱っている。
❸ 남자는 여자를 깨우고 있다.
→ 男性は女性を起こしている。
④ 여자는 몸살을 앓고 있다.

解答

→ 女性は体の調子が悪い。

学習P 안 일어날は[안니러날]と発音される。ㄴの挿入。작정は「決心すること、つもり」という意味。「作戦」という意味の작전と区別すること。

2) 여 : 아니, 갑자기 이사를 가겠다니……. 무슨 일 있었어요?
남 : 도시 생활에 싫증이 나서 교외에 집을 마련했어요.
→ 女 : あら、急に引っ越すだなんて……。何かあったんですか?
男 : 都市生活に嫌気がさして郊外に家を設けたんです。

① 여자는 남자에게 이사 갈 것을 권했다.
→ 女性は男性に引っ越すことを勧めた。

② 남자는 최근 교회에 다니기 시작했다.
→ 男性は最近教会に通い始めた。

③ 남자는 도둑을 맞아서 집을 옮기게 되었다.
→ 男性は泥棒に入られ家を移ることになった。

❹ 남자는 도시에서 벗어나서 살기로 했다.
→ 男性は都市から抜け出して暮らすことにした。

学習P 싫증は[실쯩]と発音される。마련하다は「準備する、用意する」という意味。

3) 남 : 아드님 장가 보내게 돼서 좋으시겠어요.
여 : 네, 벌써부터 손자 안아 볼 날이 기다려지네요.
→ 男 : 息子さん結婚すること【直訳 : 結婚させること】になってよかったですね。
女 : ええ、今から孫を抱く日が待ち遠しいです。

① 남자는 장사가 잘되기를 바라고 있다.
→ 男性は商売がうまくいくことを願っている。

❷ 여자는 하루빨리 손자를 보고 싶어한다.
→ 女性は一日も早く孫を見たがっている。

解　答

③ 여자는 결혼 못한 아들이 걱정이다.

→ 女性は結婚できずにいる息子が心配だ。

④ 여자는 손자가 태어나서 기뻐하고 있다.

→ 女性は孫が生まれて喜んでいる。

学習P 男性が結婚することを장가를 {가다／들다}と言い、結婚させることを장가를 보내다と言う。女性の場合は시집을 가다、시집을 보내다。

4）여：이번에도 합격 못했다고? 그래도 포기하지 마.

남：이러다가 언제 일자리 구할지 모르겠다.

→ 女：今回も合格出来なかったって？ それでもあきらめないで。
男：こんなんじゃいつ職に就けるか分からない。

❶ 남자는 취업 활동에 어려움을 겪고 있다.

→ 男性は就職活動に苦労している。

② 여자는 남자에게 직장을 소개해 주었다.

→ 女性は男性に職場を紹介してあげた。

③ 남자는 취직할 생각이 없다.

→ 男性は就職する気がない。

④ 남자는 사업에서 실패를 되풀이하고 있다.

→ 男性は事業で失敗を繰り返している。

学習P 「あきらめる」という意味で使われる単語には포기〈放棄〉하다の他に단념〈断念〉하다、체념〈諦念〉하다もある。어려움は어렵다が名詞化された言葉。어려움을 겪다で「苦しい状況にある、困難を経験する」という意味になる。어려움을 극복하다で「困難を克服する」。

解答

3 相手の発話を聞いて、それに対する応答文を選ぶ問題 〈各２点〉

1）남：이 재킷 품이 좀 작아서요. 교환이 되나요?
여：(다른 디자인이라면 가능합니다.)
→ 男：このジャケット身幅がちょっと小さくて。交換できますか?
女：(ほかのデザインなら可能です。)

① 손님에게 아주 잘 맞으십니다.
→ お客様にとてもよくお似合いです。

② 세일품이라서 환불은 안 됩니다.
→ セール品なので払い戻しはできません。

❸ 다른 디자인이라면 가능합니다.
→ ほかのデザインなら可能です。

④ 그럼 이것을 한번 신어 보십시오.
→ ではこれを一度履いてみてください。

学習P 身幅は품、身丈は기장、袖の長さは소매길이と言う。

2）여：다음 주에야 온다던 사람이 어떻게 왔어요?
남：(갑자기 일정이 바뀌어서 왔지.)
→ 女：来週に来るって言ってた人がどうして来たの?
男：(急に日程が変わったから来たんだよ。)

① 역까지 뛰었는데 막차를 놓쳤거든.
→ 駅まで走ったのに終電を逃したんだよ。

② 계속 쫓았는데 따라잡지 못했거든.
→ ずっと追いかけたのに追いつかなかったんだよ。

❸ 갑자기 일정이 바뀌어서 왔지.

解 答

→ 急に日程が変わったから来たんだよ。

④ 기한이 다 됐다고 단념할 수는 없지.

→ 期限になったからって断念できないさ。

学習P 어떻게 왔어요?の어떻게は「どうやって」ではなく「どうして」という意味で理由を聞いている。交通手段を聞く場合は뭘 타고 왔어요?「何に乗ってきたんですか」などと言う。

3) 남 : 여보, 내가 어쩌다 한 욕을 애가 흉내내더라고.

여 : (애 앞에서는 말조심을 했어야죠.)

→ 男 : あのね、僕がたまたま言った悪口(悪い言葉)を子供がまねしたんだよ。
女 : (子供の前では口に気をつけなきゃだめじゃないですか。)

❶ 애 앞에서는 말조심을 했어야죠.

→ 子供の前では口に気をつけなきゃだめじゃないですか。

② 장난이 심하다고 늘 꾸지람만 했으니까요.

→ いたずらがひどいといつも叱ってばかりいたからよ。

③ 너무 욕심내지 말랬잖아요.

→ あまり欲張らないでって言ったじゃないですか。

④ 겁내지 말고 용감하게 싸워 보지 그래요.

→ 怖がらないで勇敢に戦ってみたらどうですか。

学習P 여보は夫婦間でお互いを呼ぶ言葉。「あなた、おまえ、おい、ねえ」。「真似をする」は흉내(를) 내다。흉내다とは言わないので注意すること。-지 말랬잖아요は-지 말라고 했지 않아요の縮約形。

4) 여 : 선배님, 이제 더 이상 저를 낙심시키지 마세요.

남 : (미안하다. 믿음직한 선배가 되도록 더 노력할게.)

→ 女 : 先輩、もうこれ以上私をがっかりさせないでください。
男 : (ごめん。頼もしい先輩になるようもっと努力するよ。)

解　答

① 너도 배가 부르다니까 그만 시키자.

→ 君もお腹がいっぱいだって言うから、もう注文するのはやめよう。

② 그렇다 치더라도 뉘우칠 때가 되었는데.

→ そうだとしても反省するときが来たのに。

③ 거봐. 내가 말한대로 하니까 되잖아.

→ ほら見ろ。僕が言ったとおりやったらできるじゃないか。

❹ 미안하다. 믿음직한 선배가 되도록 더 노력할게.

→ ごめん。頼もしい先輩になるようもっと努力するよ。

学習P 더 이상は否定表現と共に使われる。더 이상 못 참겠어「これ以上我慢できない」、더 이상 말할 필요가 없다「これ以上言う必要がない」。더 이상 잘 하겠다のようには使えないので注意すること。

4 内容理解を問う問題(選択肢はハングルで活字表示)　〈各 2 点〉

1) 内容一致問題

제주여행사가 가을철에 놓치지 말아야 할 제주 관광 10선을 발표했다. 그중 음식으로는 제주 7대 특산물의 하나인 말고기가 선정됐다. 제주에서는 말고기를 코스 요리로 맛볼 수 있어 여행객들의 입맛을 사로잡기 충분하다.

[日本語訳]

チェジュ旅行社が秋に逃してはならないチェジュ(済州)島観光10選を発表した。その中で食べ物としてはチェジュ7大特産物の一つである馬肉が選ばれた。チェジュ島では馬肉をコース料理で味わえるため旅行客の食欲を十分にひきつける。

解　答

① 제주 관광을 하려면 가을철을 놓치지 말아야 한다.
→ チェジュ島観光をするなら秋を逃してはいけない。

❷ 제주의 말고기 요리는 손님들을 만족시킬 것이다.
→ チェジュ島の馬肉料理は、お客様を満足させるだろう。

③ 제주도에 관광객을 부르기 위한 방법이 발표되었다.
→ チェジュ島に観光客を呼びこむための方法が発表された。

④ 제주에는 일곱 가지 특별 관광 코스가 있다.
→ チェジュ島には七つの特別観光コースがある。

学習P 사로잡다は「生け獲る」、「(心を)とらえる、ひきつける」という意味。

2）何について話しているのか選ぶ問題

‘이상한 변호사’라는 드라마가 주목을 받았다. ‘이상한’이라는 단어에는 낯설고 피하고 싶다는 느낌이 있다. 하지만 이상함이 때로는 우리 사회를 변하게 하는 힘이 될 수도 있다. 그래서 드라마 제목에 ‘이상한’을 붙였다고 한다.

[日本語訳]

「おかしな弁護士」というドラマが注目をあびた。「おかしい」という単語には、見慣れないし避けたいというニュアンスがある。けれどもおかしさが時には私たちの社会を変える力になることもある。だからドラマのタイトルに「おかしな」を付けたそうだ。

❶ 작품 제목의 유래　→ 作品の題目の由来
② 주인공의 별난 성격　→ 主人公の変わった性格
③ 변호사의 장단점　→ 弁護士の長所と短所

解　答

④ 작품에 대한 평가　　→ 作品に対する評価

学習P 本文2行目の낯(이) 설다は「見慣れない、顔なじみでない」という意味。「聞きなじみがない、耳慣れない」は귀에 설다と言う。

3）何について話しているのか選ぶ問題

여：우리 아이들의 어휘력이 부족한 게 참으로 걱정입니다.

남：책보다도 영상, 스마트폰을 더 많이 접하다 보니까 그렇게 되는 거 같아요.

여：글을 한 자 한 자 읽는 게 아니라 영상을 보듯 덩어리로 본다고나 할까요?

남：모르는 단어가 나와도 확인 안 하고 대충 넘어가니까 글을 깊이 있게 못 읽는 거겠지요.

[日本語訳]

女：子供たちの語彙力が不足しているのがとても心配です。

男：本より映像、スマホにより多く接するからそうなるようです。

女：文章を一字一字読むのではなく影像を見るように塊で見るとでも言いますか。

男：分からない単語が出てきても確認せず適当に通り越していくから文章を深く読めないのでしょう。

① 독서가 아이들에게 주는 영향
→ 読書が子供たちに与える影響

② 어휘 습득에 효과적인 학습 방법
→ 語彙の習得に効果的な学習方法

解 答

③ 어휘 시험에 대한 분석 결과

→ 語彙の試験に対する分析結果

❹ 아이들의 어휘력이 늘지 않는 요인

→ 子供たちの語彙力が伸びない要因

学習P 女性の２番目のセリフにある본다고나 할까(요)の-ㄴ다고나 할까(요)は「～だとでも言おうか」という意味の表現。「～するとか、～すると言ったり」という意味の-ㄴ다고 하거나の縮約形-ㄴ다거나と表記を間違えないように。

4）内容と一致するものを選ぶ問題

남：당신 왜 안 먹어? 속이라도 안 좋은 거야?

여：너무 비싸서 음식이 목에 안 넘어가서 그래.

남：별소릴 다 한다. 어쩌다가 한 번 외식하는 건데 맛있게 먹자.

여：우리 집 형편에 식비라도 절약해야지.

[日本語訳]

男：君はなんで食べないの？ お腹の調子でも悪いのかい？

女：高すぎて食べ物が喉を通らないのよ。

男：何言ってんだよ。めったに外食しないのに美味しく食べようよ。

女：我が家の状況では食費でも節約しなきゃでしょ。

① 남편은 호화로운 음식을 즐겨 먹는다.

→ 夫は豪華な食べ物を好んで食べる。

② 아내는 입맛이 없어 저녁을 굶었다.

→ 妻は食欲が無くて夕飯を抜いた。

解　答

③ 아내는 소화가 되지 않아 고통을 겪고 있다.

→ 妻は消化不良で苦しんでいる。

❹ 이 부부네 집은 살림이 넉넉하지 못하다.

→ この夫婦の家は暮らしに余裕がない／裕福ではない。

学習P 별소리를 다 한다､별말을 다 한다は「とんでもない、何を言ってるんだ」という意味の慣用句。별말씀을 다 하십니다で敬語になる。選択肢④の이 부부네 집の－네は「～たち、～ら、～の家族、～のところ」という意味の接尾辞。

5 内容理解を問う問題 〈各２点〉

１）文章のタイトルとして適切なものを選ぶ問題

다이어트를 하는 사람들은 설날을 앞두고 긴장하기 마련이다. 하지만 설 연휴라고 해서 다이어트 비결이 달라지는 것은 아니다. 적게 먹고 많이 움직일 수밖에 없다. 앉아만 있지 말고 활동량을 늘리자.

[日本語訳]

ダイエットをしている人は正月を前にして緊張するものだ。だけど、お正月の連休とはいえダイエットの秘訣が変わることはない。少なく食べてたくさん動くしかない。座ってばかりいないで活動量を増やそう。

① 연휴를 즐기는 아이디어

→ 連休を楽しむアイデア

② 식욕이 안 나게 하는 법

→ 食欲が出なくする方法

解　答

③ 다이어트에 효력을 발휘하는 운동
→ ダイエットに効力を発揮する運動

❹ 명절에 살이 덜 찌는 요령
→ 祝日(名節)にあまり太らなくする要領

学習P -{기／게} 마련이다は「～{する／である}に決まってる」、「当然～{する／である}」という意味の慣用表現。選択肢④の살이 덜 찌다の덜はある限度に満たないことを表す単語で、덜 맵게 해주세요「あまり辛くしないでください」、덜 춥다「あまり寒くない」、덜 익었다「熟してない、火が十分とおってない」などと使われる。

2）どういう内容の文章なのか選ぶ問題

오늘 결혼식의 사회를 맡은 신랑 정영수 군의 초등학교 동창인 김지수입니다. 바쁘신 중에도 신랑, 신부의 앞날을 축복해 주기 위해 이 자리에 참석해 주신 모든 분들께 진심으로 감사의 말씀을 전합니다.

[日本語訳]

本日結婚式の司会を承りました、新郎チョン・ヨンス君の小学校の同窓生キム・ジスです。お忙しい中、新郎新婦の未来を祝福するためここに参席していただきました全ての方々に心からお礼を申し上げます。

① 청첩장에 쓰인 문장　→ 招待状に書かれている文
② 신랑 아버지가 하는 감사의 말　→ 新郎の父が述べる感謝の言葉
❸ 결혼식 사회자의 첫 인사말　→ 結婚式の司会者のはじめのあいさつ
④ 신랑의 동창생이 보내온 축전　→ 新郎の同窓生が送って来た祝電

学習P 選択肢①の청첩장は主に結婚式の招待状をいう。一般的な招待状は초대장。

解　答

3）対話の状況を表したものを選ぶ問題

남：휴식 시간인데 나가서 커피나 마시고 오자.
여：쉬는 시간도 10분밖에 안 되는데 난 됐어.
남：그래도 앉아 있지 말고 잠깐 바람 쐬고 오자니까. 어서 일어나.
여：알았어. 아프니까 이 손 놓고 말해.

［日本語訳］
男：休憩時間だから出てコーヒーでも飲んで来ようよ。
女：休憩時間も10分しかないのに、私はいいわ。
男：それでも座ってないでちょっと気分転換して来ようって。ほら立って。
女：分かったわよ。痛いからこの手離して言って。

① 남자는 여자에게 커피를 사 달라고 하고 있다.
　→ 男性は女性にコーヒーをおごってくれと言っている。
❷ 남자는 여자의 손을 붙잡고 일으키려고 하고 있다.
　→ 男性は女性の手をつかんで立たせようとしている。
③ 남자는 회의가 지루해서 견딜 수가 없다.
　→ 男性は会議が退屈で耐えられない。
④ 남자는 회의를 도중에 빠져나가려고 하고 있다.
　→ 男性は会議を途中で抜け出そうとしている。

学習Ⓟ 対話文最後の이 손 놓고 말해の놓다は「置く」という意味のほかに握ったり、つかんだりしている状態から手を「はなす」という意味もある。

解　答

4）内容一致問題

남：어젯밤에 택시 잡느라고 그렇게 고생할 줄은 몰랐어요.
여：요즘엔 택시 부를 때 스마트폰으로 예약한다잖아요.
남：그래서 그런지 예약 표시를 한 차가 더 많더라고요.
여：이제는 길에 서서 손 들고 택시 오기를 기다릴 필요가 없어졌지요.

［日本語訳］
男：昨晩タクシー拾うのにあんなに苦労するとは思いませんでした。
女：最近はタクシー呼ぶときスマホで予約するって言うじゃないですか。
男：そうだからか予約の表示がついた車が多かったです。
女：もう道路に立って手を挙げてタクシーが来るのを待つ必要がなくなりましたね。

① 남자는 어젯밤에 전화로 택시를 불렀다.
→ 男性は昨晩電話でタクシーを呼んだ。
② 최근에는 거리에서 택시를 잡지 못하게 하고 있다.
→ 最近は道でタクシーを拾えなくしている。
❸ 택시가 필요할 때 부를 수 있는 편리한 수단이 있다.
→ タクシーが必要な時に呼べる便利な手段がある。
④ 택시는 미리 예약을 해야만 탈 수 있다.
→ タクシーは前もって予約をしないと乗れない。

学習P 対話文の最初に男性が言った고생할 줄은 몰랐어요の－ㄹ 줄 모르다は「～する／だとは思わない」という意味の慣用表現。男性の２番目のセリフの많더라고요の－더라고(요)は自分の経験を思い出しながら伝えるときに使う語尾。

解　答

筆記 解答と解説

1 発音変化を問う問題 〈各2点〉

1）종착역까지는 두 시간이 걸린대요.

→ 終着駅までは2時間かかるそうです。

① [종창격]　② [종차격]　❸ [종창녁]　④ [종찬녁]

学習P ㄴの挿入とそれによる鼻音化を問う問題。ㄴの挿入とは、2つの語が結合するとき、あるいは2つの語を続けて発音するとき、前の語が子音で終わり、後ろの語が이、야、여、요、유、얘、예で始まる場合に、「ㅇ」の位置に「ㄴ」が入る現象のことである。종착と역の間にㄴが入り[종착＋녁]、さらに[착]が[녁]の[ㄴ]の影響で鼻音化し[창]と発音される。

2）널 다시는 볼 일이 없기를 바란다.

→ 君に二度と会うことがないことを願う。

① [본니리]　② [보리리]　③ [보니리]　❹ [볼리리]

学習P ㄴの挿入とそれによる流音化を問う問題。볼と일の間にㄴが入り[볼＋닐이]で[볼니리]、さらに[니리]の[니]が[볼]の[ㄹ]の後ろで流音化し[리]と発音される。

2 空欄補充問題（語彙問題） 〈各1点〉

1）경쾌한 음악에 맞춰 (손뼉)을 친다.

→ 軽快な音楽に合わせて（手拍子）を打つ。

解　答　（＊白ヌキ数字が正答番号）

❶ 손뼉　→ 手拍子　　② 소풍　→ ピクニック
③ 손짓　→ 手ぶり　　④ 송신　→ 送信

学習P 名詞を選ぶ問題。

2）장마철에는 빨래가 잘 마르지 않고 늘 (축축하다).
→ 梅雨時には洗濯物が良く乾かなくていつも(湿っぽい)。

① 잠잠하다　→ 静かだ、ひっそりしている
❷ 축축하다　→ 湿っぽい、じめじめしている
③ 진지하다　→ 真剣だ
④ 짤막하다　→ 短い

学習P 形容詞を選ぶ問題。

3）어르신들도 알아들으시게 (차근차근) 설명해야 한다.
→ お年寄りたちも分かるように(丹念に／きちんきちんと)説明しなければならない。

① 띄엄띄엄　→ まばらに　　② 근질근질　→ むずむず(と)
③ 구불구불　→ くねくねと　　❹ 차근차근　→ きちんきちんと

学習P 副詞を選ぶ問題。選択肢は全て擬態語。

4）A：나 이제 의대 시험 그만 볼 생각이야.
B：왜? (끝장을 볼) 때까지 해 봐야지.
A：공부에 너무 질렸어.
→ A：僕、もう医大の試験受けるのやめようと思う。
B：なんで？ (けりが付くまで／決着つくまで)やってみなきゃ。
A：勉強にもう飽き飽きしたんだ。

解　答

① 구멍이 날 → 穴が開く
② 날개를 펼 → 翼を広げる
③ 모양을 낼 → 格好をつける、形式を整える
❹ 끝장을 볼 → とことんやる、けりがつく

学習P 慣用句などの表現を選ぶ問題。

5）A：옆집이 사업이 잘돼서 큰 집으로 이사 간대.
　B：남이야 (그러거나 말거나) 난 당신만 있으면 돼.
→ A：お隣さん、事業がうまくいって、大きい家に引っ越すんだって。
　B：他人が(引っ越そうがしまいが)僕は君だけいればいいさ。

❶ 그러거나 말거나 → そうしようとしまいと
② 그러면 그렇지 → それはそうだ
③ 그럼에도 불구하고 → それにも関わらず
④ 그도 그럴 것이 → それもそのはず

学習P 慣用句の表現を選ぶ問題。

6）A：아까 그분과는 잘 아시는 사이신가 봐요?
　B：그럼요. 포장마차 시절부터 같이 장사했던 말하자면 (생사고락)을 함께한 동지인걸요.
→ A：先ほどのあの方とは親しい間柄でいらっしゃるようですね。
　B：そうですとも。屋台の時代から一緒に商売した、言ってみれば(生死と苦楽)を共にした同志なんですよ。

① 비몽사몽 → 〈非夢似夢〉夢うつつ
② 구사일생 → 〈九死一生〉九死に一生を得ること
③ 자업자득 → 〈自業自得〉自業自得

解　答

❹ 생사고락　→〈生死苦楽〉生死と苦楽

学習P 四字熟語を選ぶ問題である。

3 空欄補充問題(文法問題)　〈各１点〉

1) 아끼던 제자(로부터) 반가운 소식이 왔다.

→ 大事にしていた教え子(から)嬉しい知らせが届いた。

① 더러　→ ～に対して

② 에서부터　→ ～から

③ 보고　→ (人)に、(人)に向かって

❹ 로부터　→ ～から、～より

学習P 助詞を選ぶ問題。보고は主に口語で使われ、말하다、전하다、부탁하다などの伝達を示す動詞と共に用いられる。에서부터、로부터はどちらも起点を表すが、起点が人の場合、에서부터は使えない。

2) 이 일은 무슨 일이 있어도 (끝내리라고) 다짐했다.

→ この仕事は何が何でも(終わらせるぞと)誓った。

① 끝낸대서　→ 終わらせると言って

② 끝낸다거나　→ 終わらせるとか

③ 끝내느라고　→ 終わらせようと

❹ 끝내리라고　→ 終わらせるぞと

学習P 語尾を選ぶ問題。

解　答

3）이 프로젝트에는 경력(을 불문하고) 누구든 참여할 수 있다.

→ このプロジェクトには経歴(を問わず)誰でも参加できる。

❶ 을 불문하고　→ ～を問わず

② 에도 불구하고　→ ～にもかかわらず

③ 과 더불어　→ ～と共に

④ 만 아니면　→ ～でさえなければ

学習P 慣用表現を選ぶ問題。

4）나는 정치에는 손톱(만큼도) 관심이 없다.

→ 私は政治には爪の垢(ほども)関心が無い。

① 마저　→ ～まで(も)　② 만치　→ ～ほど、～くらい

❸ 만큼도　→ ～ほども　④ 조차　→ ～まで、～さえ

学習P 助詞を選ぶ問題。손톱만큼도は「爪の垢ほども、少しも、全然」という意味の慣用句で、없다、모르다などの否定表現と共に用いられる。

5）A：교수님 뵙지 못했지?

B：응, 문 앞에서 한참 기다렸는데 안 오셨어. 내일 다시 가 봐야지.

A：다시 (가 봤자) 소용없어. 어제 유럽으로 출장 가셨대.

→ A：教授にお会いできなかったでしょ？

B：うん。ドアの前でしばらく待ったけどいらっしゃらなかった。明日また行ってみなきゃ。

A：また(行ったところで)無駄だよ。昨日ヨーロッパに出張に行かれたんだって。

① 가 보든지　→ 行ってみるとか

❷ 가 봤자　→ 行ってみたところで

解 答

③ 가 봤더라면 → 行ってみたなら

④ 가 본다면야 → 行ってみるなら

学習P 語尾を選ぶ問題。

6) A：오늘따라 왜 이렇게 늦게 들어오는 거니? 비도 오는데.
B：태수가 우산이 없다길래 집까지 데려다줬어요.
A：그랬구나! 잘했네. 친구가 곤란할 때 (본 체 만 체하면) 못 쓰지.

→ A：今日に限ってなんでこんなに遅く帰って来たんだ? 雨も降ってるのに。
B：テスが傘が無いっていうから家まで送ってあげたんです。
A：そうだったのか! よくやった。友達が困っているとき(見て見ぬ振りしたら)駄目だよな。

❶ 본 체 만 체하면 → 見て見ぬ振りしたら

② 보는가 싶으면 → 見るかと思えば

③ 볼까 말까 하면 → 見るか見まいかとすれば

④ 볼 만하면 → 見る価値があるなら

学習P 慣用表現を選ぶ問題。

4 下線部と置き換えが可能なものを選ぶ問題 〈各1点〉

1) 길게 늘어놓지 말고 요점만 말하는 것이 좋다.
→ 長々と並び立てず要点だけ話す方が良い。

❶ 간결하게 → 簡潔に

② 간절하게 → 切実に

解　答

③ 간직하게　→ 大切にしまっておくように

④ 간지럽게　→ くすぐったく

学習P 語句を言い換える問題。

2）실력 차가 너무 큰 것 같아서 대전하기도 전에 자신감을 잃었다.

→ 実力の差があまりに大きそうで対戦する前から自信を失った。

① 기가 찼다　→ 呆れた

❷ 기가 꺾였다　→ 気をくじかれた

③ 기가 막혔다　→ 唖然とした

④ 기가 살았다　→ 気が弾んだ、意気揚々となった

学習P 慣用句などの表現に言い換える問題。選択肢③の기가 막히다は「呆気にとられる、唖然とする」という否定的な意味とは反対に「とても素晴らしい」という意味でも使われる。노래를 기가 막히게 잘 부른다「歌をびっくりするほど上手に歌う」。

3）이렇게 예쁜 짓만 골라서 하는 아이를 누가 미워할 수 있을까?

→ こんなに可愛いことばかりする子を誰が憎めるだろうか。

① 미워하려면 멀었다　→ 憎むにはまだ時間がかかる

② 미워할 듯 말 듯하다　→ 憎みそうで憎まない感じだ

③ 미워하려던 참이다　→ 憎もうと思ったところだ

❹ 미워할래야 미워할 수가 없다　→ 憎もうとしても憎めない

学習P 慣用表現を言い換える問題。問題文の누가 미워할 수 있을까は「誰も憎めない」という反語的表現。

解　答

4）현시대에 도저히 믿을 수가 없는 현상이 일어났다.
→ 今の時代に到底信じられない現象が起こった。

① 대동소이한 → 〈大同小異-〉大同小異な
② 반신반의한 → 〈半信半疑-〉半信半疑な
❸ 불가사의한 → 〈不可思議-〉不可思議な
④ 애매모호한 → 〈曖昧模糊-〉曖昧模糊な

学習Ⓟ 四字熟語に言い換える問題。

5）A：내가 안경을 머리에 쓰고도 한참 찾았지 뭐야.
B：너도 참. 머리에 쓰고도 그걸 모르다니.
→ A：眼鏡を頭にかけておいてしばらく探してしまったよ。
B：まったく。頭にかけといて分からないとは。

① 누워서 떡 먹기지 → 朝飯前だろ
② 배보다 배꼽이 더 크네 → 本末転倒だね
③ 병 주고 약 주시네 → 害を及ぼして助けるふりか
❹ 등잔 밑이 어둡다더니 → 灯台下暗しって言うけれど

学習Ⓟ ことわざに言い換える問題。

解　答

5　3つの文に共通して入るものを選ぶ問題　〈各2点〉

1）・두 사람 우정에 (금)이 갔다.

→ 二人の友情に(ひび)が入った。

・땅바닥에 발로 (금)을 그었다.

→ 地べたに足で(線)を引いた。

・그릇 보관을 잘 못해서 이렇게 (금)이 갔다.

→ 器の保管をちゃんとしてなくて、こんなに(ひび)が入った。

① 줄　→ ひも、線　　❷ 금　→ ひび、線

③ 선　→ 線　　④ 맛　→ 味

学習P 共通する名詞を選ぶ問題。1番目と3番目の文には금のみ、2番目の文には금／줄／선が入る。

2）・강연회는 대성공을 (거두었다).

→ 講演会は大成功を(収めた)。

・그녀는 부모 없는 아이들을 혼자서 (거두었다).

→ 彼女は親のいない子供たちを一人で(面倒見た)。

・소파에 앉은 채 조용히 숨을 (거두었다).

→ ソファーに座ったまま静かに息を(引き取った)。

① 맡다　→ 引き受ける

② 쉬다　→ (息を)する

❸ 거두다　→ (成果などを)収める；世話をする；(息を)引き取る

④ 돌보다　→ 世話をする

解　答

学習P 共通する動詞を選ぶ問題。1番目の文には거두다のみ、2番目の文には맡다／거두다／돌보다、3番目の文には거두다／쉬다が入る。

3）・난 유행을 쉽게 (타니까) 옷은 되도록 사지 않는다.

→ 私は流行に(乗り)やすいから服はなるべく買わない。

・네 신랑이 많이 취했구나. 아침에 꿀물 (타서) 먹여라.

→ 君の旦那さんすごく酔っぱらってるね。朝、はちみつを水に(溶いて)飲ませな。

・상을 (탔는데) 가만히 있니? 한턱내야지.

→ 賞を(もらったのに)何もしないの？ ご馳走してくれなきゃ。

❶ 타다　→ 敏感に反応する；混ぜる、割る；もらう

② 얻다　→ 得る

③ 받다　→ もらう

④ 따르다　→ 注ぐ；ついていく

学習P 共通する動詞を選ぶ問題。1番目の文には타다／따르다、2番目の文には타다／얻다／받다／따르다、3番目の文には타다／받다が入る。

6 空欄補充問題(対話問題)　〈各2点〉

1）A：내일이면 큰비는 멎을 거래요.

B：(겨우 두 발 뻗고 잘 수 있겠구나.)

A：네. 농사를 망칠까 봐 조마조마했어요.

→ A：明日には大雨が止むそうです。

B：(やっと安心して眠れるな。)

A：ええ。農作業が駄目になるかとはらはらしました。

解　答

① 이제는 바닥이 보인단 말이지.　→ もう見え見えってわけか。

② 듣기 좋으라고 하는 소리 아니야?　→ お世辞じゃないか？

③ 세월이 약이라고 하지 않았니?　→ 時が解決してくれるって言ったでしょ？

❹ 겨우 두 발 뻗고 잘 수 있겠구나.　→ やっと安心して眠れるな。

学習P 慣用句の理解を問う問題。두 발 뻗고 자다「両足伸ばして寝る」は「安心して寝る」という意味の慣用句。발을 뻗다のかわりに다리를 뻗다で다리를 뻗고 자다、발을 펴다「足を広げる」で발편잠을 자다とも言う。

2）A：점심 먹은 후부터 메스껍고 자꾸 식은땀이 나.

B：(남은 일은 내가 할 테니 들어가서 쉬어.)

A：미안해서 어떡하지? 그럼 부탁할게.

→ A：お昼食べた後からむかむかして、しきりに冷汗が出る。
B：(残りの仕事は僕がやるから帰って休みな。)
A：悪いけどお願いするね。

① 땀이 난다고 바로 에어컨 켜면 안 되지.

→ 汗が出るからって直ぐエアコン付けたらだめだろ。

② 아무리 신세 타령 해 봤댔자 달라질 건 없어.

→ いくら身の上について愚痴っても変わるものはない。

❸ 남은 일은 내가 할 테니 들어 가서 쉬어.

→ 残りの仕事は僕がやるから帰って休みな。

④ 마침 소화제 먹으려던 참이었어.

→ ちょうど消化剤飲もうとしていたところだった。

学習P 選択肢④の먹으려던 참이었어の-(으)려던 참이다は「〜しようとしているところだ」という意味の慣用表現。

解　答

3）A：이젠 예사로운 일이 된 온라인 강의에 대해서 어떻게 생각해?
B：단점도 있지만 나름의 장점도 있지 않을까?
A：(시공간적으로 자유롭다는 것이 가장 좋은 점이겠지?)
B：그런데 거기에 너무 익숙해지면 일반 수업으로 돌아가기가 어려울 것 같아.

→ A：今ではありふれたものになったオンライン講義についてどう思う？
B：短所もあるけどそれなりに長所もあるんじゃない？
A：(時空間的に自由だってことが最も良い点だよね？)
B：でもそこにあまり慣れてしまったら一般の授業に戻るのが難しそう。

❶ 시공간적으로 자유롭다는 것이 가장 좋은 점이겠지?
→ 時空間的に自由だってことが最も良い点だよね？

② 친구들과 어울리지 못하는 게 흠이 된다고 생각해.
→ 友達と交われないのが欠点だと思う。

③ 학교에 가지 못하면 사회 생활에 문제가 생기지 않을까?
→ 学校に行けないと社会生活に問題が生じないか？

④ 학점을 제대로 딸 수 있을지 불안하기는 해.
→ 単位をまともに取れるか不安ではある。

学習P　選択肢②の흠は「傷、欠点、あら」という意味。「欠点」という意味の類義語には결점〈欠点〉、단점〈短点〉「短所」などがある。

7　下線部の漢字と同じハングルで表記されるものを選ぶ問題〈各１点〉

1）態勢　→ 태세

① 代　→ 대　② 待　→ 대　③ 貸　→ 대　❹ 泰　→ 태

学習P　各選択肢の漢字を含む準２級の漢字語には、①대리〈代理〉、②대합실〈待合室〉、③대출〈貸出〉、④태연〈泰然〉などがある。

解　答

2）栽培　→ 재배

① 祭　→ 제　② 提　→ 제　❸ 災　→ 재　④ 制　→ 제

学習P 各選択肢の漢字を含む準２級の漢字語には、①제사〈祭祀〉、②제시〈提示〉、③재난〈災難〉、④제도〈制度〉などがある。

3）姓名　→ 성명

❶ 省　→ 성　② 選　→ 선　③ 宣　→ 선　④ 先　→ 선

学習P 各選択肢の漢字を含む準２級の漢字語には、①반성〈反省〉、②당선〈当選〉、③선언〈宣言〉、④선약〈先約〉などがある。

8 読解問題　〈各２点〉

오랜만에 중국 음식점에서 우리 가족 네 명이 저녁을 먹고 나오는데 결제 금액을 보고 깜짝 놀랐다. 오만 원이 넘는 액수가 영수증에 찍혀 있었다.

이틀 분 식비보다 많은 돈이 한 끼 식사로 사라졌다. 오만 원, 맞벌이 시절이었다면 몰라도 현재 휴직 중인 나 같은 사람에게는 가볍지 않은 액수다.

나는 아이들이 어릴 때 함께 많은 시간을 보내고 싶어 올해 휴직을 선택했다. 그러나 휴직은 수입의 감소를 의미하는 만큼 절약하는 생활이 기본이 되어야 한다. (이런저런 기분을 내느라 맞벌이 시절처럼 써 버리면) 외벌이 통장이 버티지 못한다.

解　答

［日本語訳］

久しぶりに中華料理店で家族４人で夕飯を食べて出てきながら、決済金額を見てびっくりした。５万ウォンを超える額が領収証に記されていた。

二日分の食費より多いお金が一食の食事で消えた。５万ウォン、共働きの時ならともかく現在休職中の私のような人間には軽くない額だ。

私は子供たちが小さい時多くの時間を一緒に過ごしたくて、今年休職を選択した。だけど、休職は収入の減少を意味するわけだから節約する生活が基本にならなくてはいけない。（あんなこんな気分で共働きの時のように使ってしまったら）片働きの通帳が持ちこたえられない。

【問１】 空欄補充問題

❶ 이런저런 기분을 내느라 맞벌이 시절처럼 써 버리면
→ あんなこんな気分で共働きの時のように使ってしまったら

② 조금씩이라도 돈을 아껴서 저금을 하면
→ 少しずつでもお金を節約して貯金をすれば

③ 아이들이 컸으니 이제는 맞벌이로 일하지 않으면
→ 子供たちが大きくなったから、もう共働きしなきゃ

④ 아이들을 구실로 계속 일을 미루면
→ 子供たちを口実にずっと仕事を先送りすると

学習P 맞벌이「共働き」の反対語は 외벌이「片働き」。選択肢①の -느라(고)は原因や理由を表す。「～しようと、～するため、～するのに、～することによって」という意味。학비를 버느라(고) 밤마다 일했다「学費を稼ごうと毎晩働いた」。

解 答

【問２】 筆者の主張は何かを選ぶ問題

❶ 낭비하지 않도록 주의해야 한다.
→ 浪費しないように注意しないといけない。

② 음식점의 가격이 너무 비싸다.
→ 飲食店の価格が高すぎる。

③ 아이를 키울 때 맞벌이는 좋지 않다.
→ 子供を育てる時、共働きは良くない。

④ 맞벌이를 해야만 가족을 살릴 수 있다.
→ 共働きをしなければ家族を救えない。

学習P 選択肢④の－아야만は後件に対する強い条件を表す。「－{아／어}야만 －ㄹ수 있다」は訳すと「～してはじめて～できる」、または反語的に「～しないと～出来ない」になる。먹어야만 살 수 있다「食べないと生きられない」。

9 読解問題 〈各２点〉

A：어떤 교수님이 쓴 책을 봤는데 아이 키우는 일은 내려놓는 일의 연속이라더라.

B：그게 무슨 말이야?

A：첫째는 내 아이가 기대보다 공부를 잘하지 못한다는 것을 받아들여야 하고, 둘째는 아이가 공부는 못해도 착할 줄 알았는데 착하지도 않다는 것을 받아들여야 한다는 거야.

B：말만 들어도 속상해. 아이가 문제 일으켜 학교에서 전화가 왔을 땐 내 인생 전부를 부정당하는 느낌이 들었거든.

A：셋째는 내 아이가 착하지는 않아도 건강할 줄 알았는데 건강하지도

解 答

않다는 것을 받아들이는 거래.

B : 아이 건강에 어려움이 생겼을 때 부모가 아이 건강 외에 뭘 더 바라겠어?

A : 그렇게 내려놓는 것이 부모가 되는 과정이래.

[日本語訳]

A：ある教授が書いた本を読んだんだけど、子供を育てることは欲や期待を忘れることの連続なんだって。

B：それどういう意味？

A：一つ目は自分の子供が期待ほど勉強ができないということを受け入れなければならないし、二つ目は子供が勉強はできなくても良い子だと思ったのに、良い子でもないということを受け入れなきゃいけないってことよ。

B：話聞いてるだけで落ち込むわ。子供が問題起こして学校から電話が来た時は、私の人生すべてを否定された気がしたから。

A：三つ目は自分の子供が良い子ではなくても健康だと思ったのに、健康でもないということを受け入れることなんだって。

B：子供の健康に問題が生じた時、親が子の健康以外に何を望む？

A：そうやって欲を忘れるのが親になっていく過程なんだって。

【問１】 ‘아이 키우는 일은 내려놓는 일’の意味を選ぶ問題

① 아이의 기대에 어긋나는 행동을 하지 않는다.

→ 子供の期待にそむく行動をしない。

② 아이의 잘못을 눈감아 준다.

→ 子供の過ちに目をつぶる。

解　答

❸ 아이에게 너무 많은 것을 바라지 않는다.

→ 子供にあまり多くを望まない。

④ 아이에게 더 많은 관심을 가진다.

→ 子供にもっと多くの関心を持つ。

学習P 내려놓다は「下ろす、降ろす」、「(仕事、役職などを)やめる」の他に「(心配や欲などを)忘れる」という意味がある。불안한 마음을 내려놓다「不安を忘れる」。

【問２】 内容一致問題

① 부모가 마음을 비우지 않으면 아이가 비뚤어진다.

→ 親が心を空にしないと子供がひねくれる。

❷ 부모가 원하는 대로 아이가 자라는 것은 아니다.

→ 親が願うとおりに子供が育つものではない。

③ 부모가 제 자식 못났다고 탓하면 안 된다.

→ 親が自分の子は駄目だと責めてはいけない。

④ 부모도 실패를 거듭하면서 성장한다.

→ 親も失敗を繰り返しながら成長する。

学習P 選択肢①の마음을 비우다は「心を空にする」、「欲、邪気、執着などを無くす」、「無心になる」という意味。

10 読解問題 〈各２点〉

기후 위기와 불평등은 서로 깊은 관련이 있다. ‘어떻게 기후 위기에서 벗어날 것인가’는 ‘어떻게 불평등을 해결할 것인가’와 함께 다루어야 할 문제다.

解 答

불평등은 소수의 단기적 이익을 위해 우리 모두의 장기적 이익을 파괴한다. 온실가스*는 이 세상 모든 곳에서 평등하게 증가해도 그 피해의 대부분은 불평등하게 가난한 곳에서 일어난다. (즉, '가진 자'들이 일으킨 위험이 '가지지 못한 자'들에게 일어나는 것이다.)

이대로 우리가 이 세상을 바꾸지 않는다면 기후 위기가 전 세계를 파괴할 것이다. 다행히도 아직 늦지 않았다. 하지만 망설이기에는 너무 늦었다.

[日本語訳]

気候危機と不平等は互いに深い関連がある。「どのように気候危機から抜け出すか」は「どのように不平等を解決するのか」と一緒に扱わなければならない問題だ。

不平等は少数の短期的利益の為に我々みんなの長期的利益を破壊する。温室ガス*は世界のあらゆるところで平等に増加しても、その被害の大部分は不平等に貧しいところで起きる。(すなわち「持つ者」たちが引き起こした危険が「持たざる者」たちに起きるのだ。)

このまま我々が世の中を変えないのであれば、気候危機が全世界を破壊するだろう。幸いにもまだ遅くない。けれども躊躇(ちゅうちょ)するには遅すぎる。

【問1】 空欄補充問題

❶ 즉, '가진 자'들이 일으킨 위험이 '가지지 못한 자'들에게 일어나는 것이다.

→ すなわち「持つ者」たちが引き起こした危険が「持たざる者」たちに起きるのだ。

② 이러한 불평등을 해결하기엔 이미 늦었다.

→ このような不平等を解決するには既に手遅れだ。

解 答

③ 그래서 가난한 곳으로는 가지 말아야 한다.

→ だから貧しいところには行ってはいけない。

④ 이 굳어진 구도는 절대로 바뀌지 않을 것이다.

→ この固まった構図は絶対に変わらないであろう。

学習P 正答である選択肢①の즉〈即〉は前述したことを言い換えるときに用いる言葉「すなわち」。다시 말해서、다시 말하면とも言う。

【問２】 本文の内容に表れているものを選ぶ問題

① 폭력을 불러일으키는 경제적 불평등

→ 暴力を呼び起こす経済的不平等

② 심각한 빈부 격차에 대한 원망

→ 深刻な貧富の格差に対する恨み

❸ 기후 위기에 빨리 대처하라는 경고

→ 気候危機に早く対処せよという警告

④ 불평등이 곧 해결될 거라는 기대

→ 不平等がすぐ解決されるという期待

学習P 選択肢②も間接的には関連しているとみられるが、本文の中に「恨み」についての直接的な言及はない。本文最後の段落に選択肢③の内容が表れている。

11 翻訳問題（韓国・朝鮮語→日本語） 〈各２点〉

１）남자 친구와 헤어진다고 했더니 엄마가 펄펄 뛰었다.

→ 彼氏と別れると言ったら母が猛反対した。

解　答

① 大変喜んだ。　→ 엄청 좋아했다.

❷ 猛反対した。　→ 펄펄 뛰었다.

③ 腰を抜かした。→ 깜짝 놀랐다.

④ 飛び跳ねた。　→ 막 뛰었다.

学習P 펄펄 뛰다は「かんかんに怒る、猛反発する、強く否定する」という意味の慣用句。類似表現に펄쩍 뛰다がある。

2）돈을 빌려서 시작한 사업이 망해서 부모님을 볼 낯이 없다.

→ お金を借りて始めた事業が失敗して親に顔向けできない。

① 親の顔色をうかがった。→ 부모님 눈치를 보았다.

② 親に苦労をかけた。　　→ 부모님께 고생을 끼쳤다.

③ 親に会っていない。　　→ 부모님을 못 만났다.

❹ 親に顔向けできない。　→ 부모님을 볼 낯이 없다.

学習P 「顔向けできない」は면목이 없다「面目が無い」とも言う。

3）아닌 말로 네가 나에게 잘해 준 게 뭐가 있어?

→ こう言っちゃなんだけどあなたが私に良くしてくれた事って何がある？

① 言い換えるなら　　　　→ 바꾸어 말한다면

❷ こう言っちゃなんだけど → 아닌 말로

③ 嘘じゃなくて　　　　　→ 거짓말이 아니라

④ 陰で言うのは嫌だから　→ 뒤에서 말하는 건 싫으니까

学習P 아닌 말로は「こう言ってはなんだが、口にすべきではないが」という意味の表現。아니 할 말로、안 할 말로とも言う。選択肢①の「言い換えるなら」は다시 말하면とも言う。

解　答

12 翻訳問題(日本語→韓国・朝鮮語) 〈各2点〉

1) 授業参観には母に来てもらいたかった。

→ 참관수업에는 엄마가 와 주었으면 했다.

❶ 엄마가 와 주었으면 했다. → 母に来てもらいたかった。
② 엄마에게 와 받고 싶었다. → ×
③ 엄마에게 와 달라고 졸랐다. → 母に来てとねだった。
④ 엄마가 오실 걸 그랬다. → 母が来ればよかった。

学習P {아／어} 주었으면 하다は「～してくれたらと思う、～してほしい」という意味の慣用表現。「～してもらいたい」を直訳して-해 받고 싶다と言うのは間違いである。「～すればよかった」も直訳して-하면 좋았다とは言わない。選択肢④のように-(으)ㄹ 걸 그랬다とか-(으)ㄹ 걸を使う。

2) 彼は平気で人を騙す。

→ 그는 밥 먹듯 사람을 속인다.

① 아무렇게나 → むやみに、どうにでも
❷ 밥 먹듯 → 平気で
③ 밤낮을 가리지 않고 → 昼夜を問わず
④ 차분하게 → 落ち着いて

学習P ②の밥 먹듯は밥 먹듯 하다という表現(直訳では「ご飯を食べるかのごとくする／言う」)から하다を省略したものだが、慣用句としては「いつも、しょっちゅう」、「平気で、なんとも思わず、たやすく」という意味になる。차분하다は「落ち着いている、物静かだ、整然としている」という意味の形容詞。

解　答

3）心配しないでください。何でもありません。

→ 걱정 마세요. 별일 아닙니다.

① 아무 것도 없습니다.

→ 何もありません。

② 뭐라 드릴 말씀이 없습니다.

→ 申し訳ありません。

❸ 별일 아닙니다.

→ 大したことじゃありません、何でもありません。

④ 무엇이든 괜찮습니다.

→ なんでも大丈夫です。

学習P 選択肢②の뭐라 드릴 말씀이 없습니다は「なんとも申し上げるお言葉がございません」で、謝罪の他にお葬式の場などで哀悼の意を表すときにも使われる。

準２級聞きとり 正答と配点

●40点満点

問題	設問	マークシート番号	正　答	配　点
1	1)	1	③	2
	2)	2	①	2
	3)	3	④	2
	4)	4	③	2
2	1)	5	③	2
	2)	6	④	2
	3)	7	②	2
	4)	8	①	2
3	1)	9	③	2
	2)	10	③	2
	3)	11	①	2
	4)	12	④	2
4	1)	13	②	2
	2)	14	①	2
	3)	15	④	2
	4)	16	④	2
5	1)	17	④	2
	2)	18	③	2
	3)	19	②	2
	4)	20	③	2
合　計				40

準２級筆記　正答と配点

●60点満点

問題	設問	マークシート番号	正答	配点
1	1)	1	③	2
	2)	2	④	2
2	1)	3	①	1
	2)	4	②	1
	3)	5	④	1
	4)	6	④	1
	5)	7	①	1
	6)	8	④	1
3	1)	9	④	1
	2)	10	④	1
	3)	11	①	1
	4)	12	③	1
	5)	13	②	1
	6)	14	①	1
4	1)	15	①	1
	2)	16	②	1
	3)	17	④	1
	4)	18	③	1
	5)	19	④	1
5	1)	20	②	2
	2)	21	③	2
	3)	22	①	2

問題	設問	マークシート番号	正答	配点
6	1)	23	④	2
	2)	24	③	2
	3)	25	①	2
7	1)	26	④	1
	2)	27	③	1
	3)	28	①	1
8	問1	29	①	2
	問2	30	①	2
9	問1	31	③	2
	問2	32	②	2
10	問1	33	①	2
	問2	34	③	2
11	1)	35	②	2
	2)	36	④	2
	3)	37	②	2
12	1)	38	①	2
	2)	39	②	2
	3)	40	③	2
合　計				60

かな文字のハングル表記
（大韓民国方式）

【かな】	【ハングル】									
	＜語頭＞					＜語中＞				
あ い う え お	아	이	우	에	오	아	이	우	에	오
か き く け こ	가	기	구	게	고	카	키	쿠	케	코
さ し す せ そ	사	시	스	세	소	사	시	스	세	소
た ち つ て と	다	지	쓰	데	도	타	치	쓰	테	토
な に ぬ ね の	나	니	누	네	노	나	니	누	네	노
は ひ ふ へ ほ	하	히	후	헤	호	하	히	후	헤	호
ま み む め も	마	미	무	메	모	마	미	무	메	모
や ゆ よ	야		유		요	야		유		요
ら り る れ ろ	라	리	루	레	로	라	리	루	레	로
わ を	와				오	와				오
が ぎ ぐ げ ご	가	기	구	게	고	가	기	구	게	고
ざ じ ず ぜ ぞ	자	지	즈	제	조	자	지	즈	제	조
だ ぢ づ で ど	다	지	즈	데	도	다	지	즈	데	도
ば び ぶ べ ぼ	바	비	부	베	보	바	비	부	베	보
ぱ ぴ ぷ ぺ ぽ	파	피	푸	페	포	파	피	푸	페	포
きゃ きゅ きょ	갸		규		교	캬		큐		쿄
しゃ しゅ しょ	샤		슈		쇼	샤		슈		쇼
ちゃ ちゅ ちょ	자		주		조	차		추		초
にゃ にゅ にょ	냐		뉴		뇨	냐		뉴		뇨
ひゃ ひゅ ひょ	햐		휴		효	햐		휴		효
みゃ みゅ みょ	먀		뮤		묘	먀		뮤		묘
りゃ りゅ りょ	랴		류		료	랴		류		료
ぎゃ ぎゅ ぎょ	갸		규		교	갸		규		교
じゃ じゅ じょ	자		주		조	자		주		조
びゃ びゅ びょ	뱌		뷰		뵤	뱌		뷰		뵤
ぴゃ ぴゅ ぴょ	퍄		퓨		표	퍄		퓨		표

撥音の「ん」と促音の「っ」はそれぞれパッチムのㄴ、ㅅで表す。
長母音は表記しない。タ行、ザ行、ダ行に注意。

かな文字のハングル表記
（朝鮮民主主義人民共和国方式）

【かな】	【ハングル】									
	＜語頭＞					＜語中＞				
あ い う え お	아	이	우	에	오	아	이	우	에	오
か き く け こ	가	기	구	게	고	까	끼	꾸	께	꼬
さ し す せ そ	사	시	스	세	소	사	시	스	세	소
た ち つ て と	다	지	쯔	데	도	따	찌	쯔	떼	또
な に ぬ ね の	나	니	누	네	노	나	니	누	네	노
は ひ ふ へ ほ	하	히	후	헤	호	하	히	후	헤	호
ま み む め も	마	미	무	메	모	마	미	무	메	모
や ゆ よ	야		유		요	야		유		요
ら り る れ ろ	라	리	루	레	로	라	리	루	레	로
わ を	와				오	와				오
が ぎ ぐ げ ご	가	기	구	게	고	가	기	구	게	고
ざ じ ず ぜ ぞ	자	지	즈	제	조	자	지	즈	제	조
だ ぢ づ で ど	다	지	즈	데	도	다	지	즈	데	도
ば び ぶ べ ぼ	바	비	부	베	보	바	비	부	베	보
ぱ ぴ ぷ ぺ ぽ	빠	삐	뿌	뻬	뽀	빠	삐	뿌	뻬	뽀
きゃ きゅ きょ	갸		규		교	꺄		뀨		꾜
しゃ しゅ しょ	샤		슈		쇼	샤		슈		쇼
ちゃ ちゅ ちょ	쟈		쥬		죠	쨔		쮸		쬬
にゃ にゅ にょ	냐		뉴		뇨	냐		뉴		뇨
ひゃ ひゅ ひょ	햐		휴		효	햐		휴		효
みゃ みゅ みょ	먀		뮤		묘	먀		뮤		묘
りゃ りゅ りょ	랴		류		료	랴		류		료
ぎゃ ぎゅ ぎょ	갸		규		교	갸		규		교
じゃ じゅ じょ	쟈		쥬		죠	쟈		쥬		죠
びゃ びゅ びょ	뱌		뷰		뵤	뱌		뷰		뵤
ぴゃ ぴゅ ぴょ	뺘		쀼		뾰	뺘		쀼		뾰

撥音の「ん」は語末と母音の前ではㅇパッチム、それ以外ではㄴパッチムで表す。
促音の「っ」は、か行の前ではㄱパッチム、それ以外ではㅅパッチムで表す。
長母音は表記しない。タ行、ザ行、ダ行に注意。

ㅎ

ㄱ

「ハングル」能力検定試験

資　料

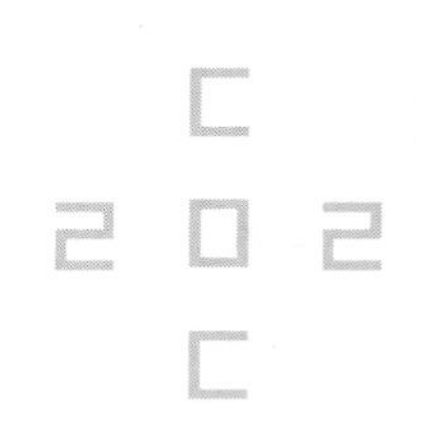

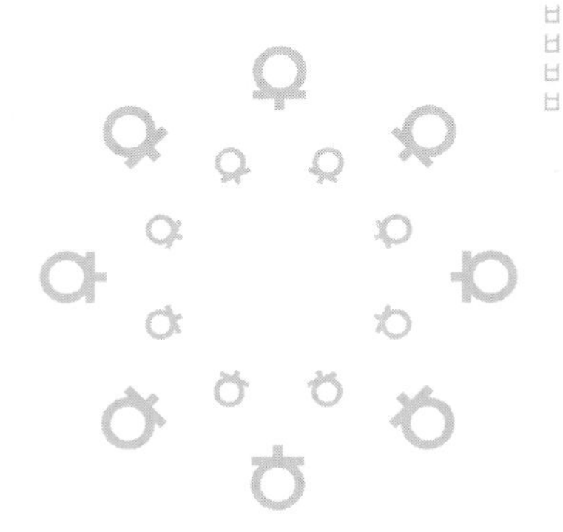

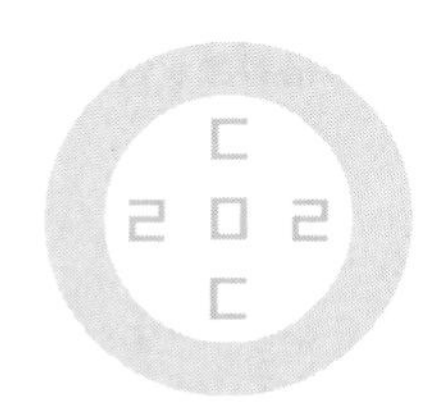

2023年春季　第59回検定試験状況

●試験の配点と平均点・最高点

級	配点（100点満点中）			全国平均点			全国最高点		
	聞・書	筆記	合格点（以上）	聞・書	筆記	合計	聞・書	筆記	合計
1級	40	60	70	20	32	52	37	52	89
2級	40	60	70	24	32	56	38	54	90
準2級	40	60	70	25	39	64	40	60	100
3級	40	60	60	27	42	69	40	60	100
4級	40	60	60	29	45	74	40	60	100
5級	40	60	60	31	48	79	40	60	100

●出願者・受験者・合格者数など

	出願者数（人）	受験者数（人）	合格者数（人）	合格率	累計（1回～59回）		
					出願者数	受験者数	合格者数
1級	120	106	20	18.9%	5,427	4,943	578
2級	426	370	70	18.9%	27,286	24,332	3,673
準2級	1,204	1,055	434	41.1%	67,127	60,469	20,295
3級	2,559	2,218	1,669	75.2%	125,899	112,040	62,084
4級	3,178	2,713	2,151	79.3%	150,593	133,468	98,508
5級	2,966	2,519	2,157	85.6%	136,885	121,362	98,497
合計	10,453	8,981	6,501	72.4%	514,160	457,486	283,721

※累計の各合計数には第18回～第25回までの準1級出願者、受験者、合格者数が含まれます。

■年代別出願者数

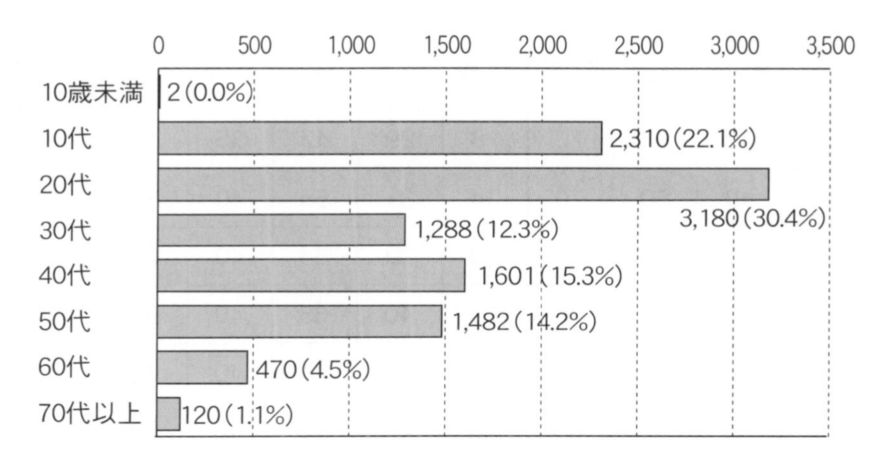

■職業別出願者数

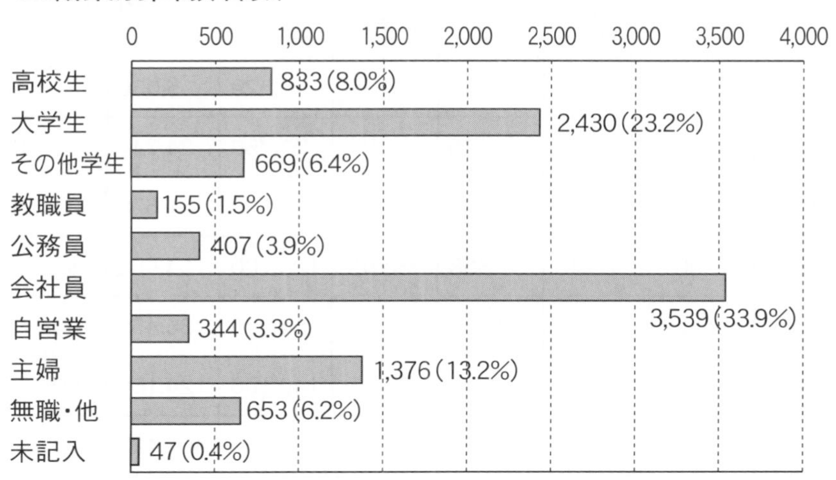

2023年秋季　第60回検定試験状況

●試験の配点と平均点・最高点

級	配点（100点満点中）			全国平均点			全国最高点		
	聞・書	筆記	合格点（以上）	聞・書	筆記	合計	聞・書	筆記	合計
1級	40	60	70	18	29	47	35	49	83
2級	40	60	70	24	31	55	40	55	95
準2級	40	60	70	22	32	54	40	60	100
3級	40	60	60	25	40	65	40	60	100
4級	40	60	60	30	44	74	40	60	100
5級	40	60	60	33	48	81	40	60	100

●出願者・受験者・合格者数など

	出願者数（人）	受験者数（人）	合格者数（人）	合格率	累計（1回～60回）		
					出願者数	受験者数	合格者数
1級	102	93	6	6.5%	5,529	5,036	584
2級	472	412	75	18.2%	27,758	24,744	3,748
準2級	1,385	1,209	225	18.6%	68,512	61,678	20,520
3級	2,801	2,443	1,558	63.8%	128,700	114,483	63,642
4級	3,422	2,991	2,336	78.1%	154,015	136,459	100,844
5級	3,221	2,788	2,376	85.2%	140,106	124,150	100,873
合計	11,403	9,936	6,576	66.2%	525,563	467,422	290,297

※累計の各合計数には第18回～第25回までの準1級出願者、受験者、合格者数が含まれます。

■年代別出願者数

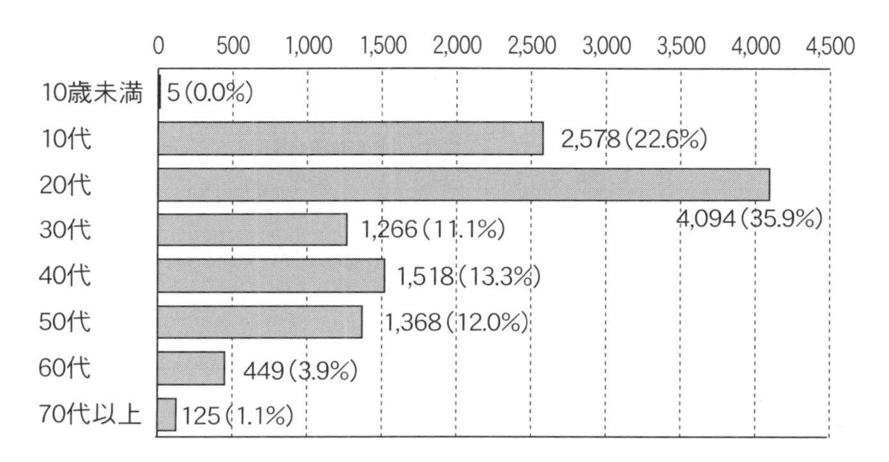

■職業別出願者数

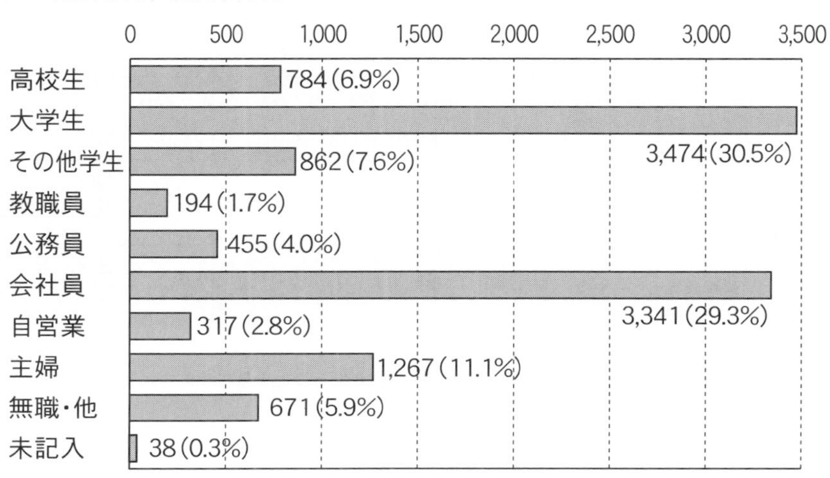

●合格ラインと出題項目一覧について

◇合格ライン

	聞きとり		筆記		合格点
	配点	必須得点（以上）	配点	必須得点（以上）	100点満点中（以上）
5級	40		60		60
4級	40		60		60
3級	40	12	60	24	60
準2級	40	12	60	30	70
2級	40	16	60	30	70
	聞きとり・書きとり		筆記・記述式		
	配点	必須得点（以上）	配点	必須得点（以上）	
1級	40	16	60	30	70

◆解答は、５級から２級まではすべてマークシート方式です。
　１級は、マークシートと記述による解答方式です。

◆５、４級は合格点（60点）に達していても、聞きとり試験を受けていないと不合格になります。

◇出題項目一覧

	初級		中級		上級	
	5級	4級	3級	準2級	2級	1級
学習時間の目安	40時間	80	160	240〜300	—	—
発音と文字					*	*
正書法						
語彙						
擬声擬態語			*	*		
接辞、依存名詞						
漢字						
文法項目と慣用表現						
連語						
四字熟語				*		
慣用句						
ことわざ						
縮約形など						
表現の意図						
テクストの理解と産出　内容理解						
テクストの理解と産出　接続表現	*	*				
テクストの理解と産出　指示詞	*	*				

※灰色部分が、各級の主な出題項目です。
　「*」の部分は、個別の単語として取り扱われる場合があることを意味します。

協会発行書籍案内　협회 발간 서적 안내

「ハングル」検定公式テキスト
ペウギ 準2級/３級/４級/５級

ハン検公式テキスト。これで合格を目指す！　暗記用赤シート付。
準2級/2,970円（税込）※CD付き
3級/2,750円（税込）
5級、4級/各2,420円（税込）
※A5版、音声ペン対応

合格トウミ【改訂版】
初級編 / 中級編 / 上級編

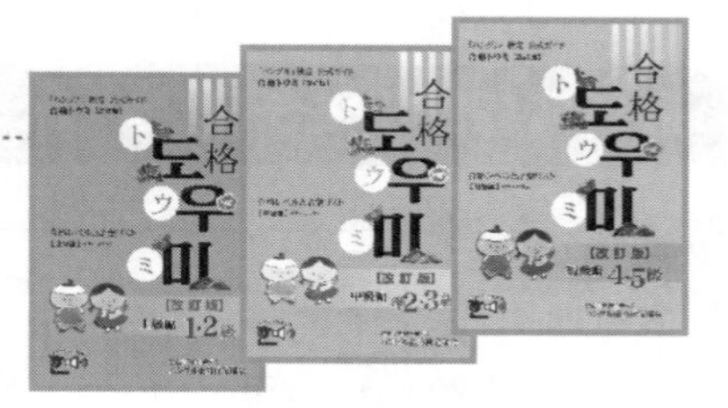

レベル別に出題語彙、慣用句、慣用表現等をまとめた受験者必携の一冊。
暗記用赤シート付。
初級編/1,760円（税込）
中級編、上級編/2,420円（税込）
※A5版、音声ペン対応

中級以上の方のためのリスニング BOOK
読む・書く「ハン検」

長文をたくさん読んで「読む力」を鍛える！
1,980円（税込）
※A5版、音声ペン対応
別売CD/1,650円（税込）

ハン検 過去問題集（CD付）

年度別に試験問題を収録した過去問題集。
学習に役立つワンポイントアドバイス付！
１、２級/各2,200円（税込）
準２、３級/各1,980円（税込）
４、５級/各1,760円（税込）
※2021年版のみレベル別に収録。

2024年版「ハングル」能力検定試験
公式 過去問題集〈準2級〉
2024年3月1日発行

編　著	特定非営利活動法人 ハングル能力検定協会
発　行	特定非営利活動法人 ハングル能力検定協会 〒101-0051 東京都千代田区神田神保町2-22-5Ｆ TEL 03-5858-9101　FAX 03-5858-9103 https://www.hangul.or.jp
製　作	現代綜合出版印刷株式会社

定価 2,200円（税10%）
HANGUL NOURYOKU KENTEIKYOUKAI
ISBN 978-4-910225-24-1　C0087　¥2000E

「ハングル」能力検定試験

マークシート
見本
（70%縮小）

個人情報欄 ※必ずご記入ください

受験級
2　級 … ○
準2級 … ○
3　級 … ○
4　級 … ○
5　級 … ○

受験地コード			
⓪	⓪	⓪	⓪
①	①	①	①
②	②	②	②
③	③	③	③
④	④	④	④
⑤	⑤	⑤	⑤
⑥	⑥	⑥	⑥
⑦	⑦	⑦	⑦
⑧	⑧	⑧	⑧
⑨	⑨	⑨	⑨

受験番号			
⓪	⓪	⓪	⓪
①	①	①	①
②	②	②	②
③	③	③	③
④	④	④	④
⑤	⑤	⑤	⑤
⑥	⑥	⑥	⑥
⑦	⑦	⑦	⑦
⑧	⑧	⑧	⑧
⑨	⑨	⑨	⑨

生まれ月日			
	月		日
⓪	⓪	⓪	⓪
①	①	①	①
	②	②	②
	③	③	③
	④		④
	⑤		⑤
	⑥		⑥
	⑦		⑦
	⑧		⑧
	⑨		⑨

氏名	
受験地	

（記入心得）
1. ＨＢ以上の黒鉛筆またはシャープペンシルを使用してください。（ボールペン・マジックは使用不可）
2. 訂正するときは、消しゴムで完全に消してください。
3. 枠からはみ出さないように、ていねいに塗りつぶしてください。

（記入例）解答が「１」の場合

良い例	●	②	③	④
悪い例	レ点	線	バッテン	点	うすい

聞きとり

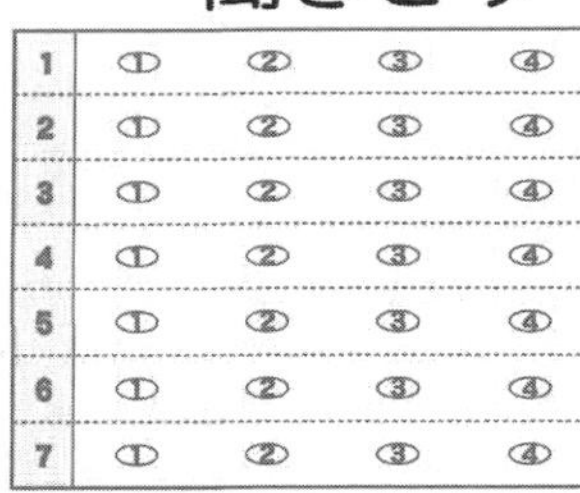

1	①	②	③	④
2	①	②	③	④
3	①	②	③	④
4	①	②	③	④
5	①	②	③	④
6	①	②	③	④
7	①	②	③	④

8	①	②	③	④
9	①	②	③	④
10	①	②	③	④
11	①	②	③	④
12	①	②	③	④
13	①	②	③	④
14	①	②	③	④

15	①	②	③	④
16	①	②	③	④
17	①	②	③	④
18	①	②	③	④
19	①	②	③	④
20	①	②	③	④

筆　記

1	①	②	③	④
2	①	②	③	④
3	①	②	③	④
4	①	②	③	④
5	①	②	③	④
6	①	②	③	④
7	①	②	③	④
8	①	②	③	④
9	①	②	③	④
10	①	②	③	④
11	①	②	③	④
12	①	②	③	④
13	①	②	③	④
14	①	②	③	④
15	①	②	③	④
16	①	②	③	④
17	①	②	③	④

18	①	②	③	④
19	①	②	③	④
20	①	②	③	④
21	①	②	③	④
22	①	②	③	④
23	①	②	③	④
24	①	②	③	④
25	①	②	③	④
26	①	②	③	④
27	①	②	③	④
28	①	②	③	④
29	①	②	③	④
30	①	②	③	④
31	①	②	③	④
32	①	②	③	④
33	①	②	③	④
34	①	②	③	④

35	①	②	③	④
36	①	②	③	④
37	①	②	③	④
38	①	②	③	④
39	①	②	③	④
40	①	②	③	④

41問～50問は２級のみ解答

41	①	②	③	④
42	①	②	③	④
43	①	②	③	④
44	①	②	③	④
45	①	②	③	④
46	①	②	③	④
47	①	②	③	④
48	①	②	③	④
49	①	②	③	④
50	①	②	③	④

K12516T 110kg

ハングル能力検定協会